英汉数字隐喻的文化认知

The Cultural Cognition of Numeral Metaphor in English and Chinese

吴海英◎著

中国出版集团
世界图书出版公司
广州·上海·西安·北京

图书在版编目(CIP)数据

英汉数字隐喻的文化认知 / 吴海英著. —广州 :
世界图书出版广东有限公司, 2025.1重印
ISBN 978-7-5192-1275-9

Ⅰ. ①英… Ⅱ. ①吴… Ⅲ. ①数字—隐喻—对比研究—
英语、汉语 Ⅳ. ①H315②H15

中国版本图书馆CIP数据核字(2016)第084103号

英汉数字隐喻的文化认知

责任编辑 张梦婕
出版发行 世界图书出版广东有限公司
地　　址 广州市新港西路大江冲25号
http:// www.gdst.com.cn
印　　刷 悦读天下（山东）印务有限公司
规　　格 710mm×1000mm 1/16
印　　张 11.25
字　　数 180千
版　　次 2016年4月第1版 2025年1月第3次印刷
ISBN 978-7-5192-1275-9/H·1054
定　　价 68.00元

摘　要

数字是语言的重要组成部分，除计数功能外，它还承载着一个民族厚重的社会历史文化信息，英汉数字文化一直是语言文化研究的热点，但前期研究多关注数字文化内涵的描写和对比，而对数字语义扩展路径及动因关注不够。从另一个角度看，数字这种抽象的文化符码体系是从一个认知域到另一个认知域的思想观念的跃进，在前一个认知领域中，表现为数字的本体特征，在后一个认知领域中，表现为纷繁复杂的文化内涵。从本质上讲，是人们用数来理解和体验其他领域里的种种观念，莱考夫和约翰逊认为隐喻的实质就是通过另一类事物来理解和体验某一类事物，那么，数字的文化意义也可看作是一种概念隐喻。英语和汉语分属不同的东西方文化体系，都存在数字隐喻现象，并表现出不同程度的共性与差异。那么，二者之间有何共性与差异？这些共性和差异的认知理据是怎样的？英汉数字隐喻意义构建的认知操作机制如何？文化模式在数字隐喻意义构建中的作用如何？为回答这些问题，需要从认知语义学的视角重新审视数字的文化含义，在充分描写英汉数字隐喻共性与差异的基础上，考察数字1—10的隐喻的常规化映现及数字隐喻在线理解的幕后认知机制。

对数字隐喻的文化认知操作的考察可以展示从文化模式到心理表征的数字隐喻化心理过程，并揭示数字隐喻跨语言的共性和差异的深层认知理据，这对于探索语言文化研究与认知研究相结合的新途径有重要意义，也将有助于我们更深刻地认识数字的本质，并进一步了解人类语言和思维的内在联系。

研究的主要结果如下：

第一，英汉数字隐喻的共性主要有：同为数范畴的延展、包含哲学意义、具有神秘性、某些数字模式化。这些共性的基础是人类共同的数字认知范畴，共同的意象图式是这些共性的认知理据之一。

第二，英汉数字隐喻的差异表现在隐喻的结构上，如来源域和目标域的范围、对应关系、文化经验的作用、映射机制等。从文化认知的角度看，差异的原因涉及经验差异和认知偏好，其中，认知偏好的有关因素包括经验焦点、视角偏好、原型与框架等方面。不同的地理环境、历史文化、政治、宗教、习俗、文学等因素是造成这些差异的决定性因素。

可见，数字隐喻的共性和差异与人类的生理和神经的基础、社会文化经验（语境）以及认知过程这三者有关。

第三，隐喻和转喻是英汉数字的语义扩展的重要途径，在英汉数字熟语的常规化隐喻和转喻映现中，虽然它们的来源域已不再明晰，但在数字熟语的理解过程中，来源域中的故事或人物框架对其使用中的隐喻意义仍然起着引导和制约作用。隐喻和转喻的映射是从来源域到目标域的单向映射，而英汉数字隐喻意义构建的幕后操作过程包括心理空间网络的建立和空间之间的认知连接、映射和概念整合，是在使用的实际场景中即时构建的动态过程。

第四，英语和汉语中都存在数字熟语隐喻（转喻）化现象，同时，两种语言还显示出新的数字熟语隐喻（转喻）化趋势，英语更为明显。

研究结论支持隐喻映射理论、心理空间和概念整合原理，同时也支持有关文化认知的隐喻变异性理论。因此，将文化和认知相结合是研究数字隐喻的有效途径。

研究将数字的文化内涵视为数字隐喻，以词典、辞典及语料库为语料来源，运用内省分析的方法考察了英汉数字隐喻的文化认知操作，分析了二者之间共性与差异的认知理据，是基于微观分析的定性研究，研究视角有别于国内外相关研究。

Abstract

Numbers are an important part of language. They are not only used for counting, but also load rich information of a nation in the aspects of society, history and culture. The implications of English and Chinese numerals are always many researchers' interest in the study of language and culture. However, the previous study is mainly on the description and comparison of the cultural connotation, the path and cause of numerals' semantic extension are not paid enough attention. As an abstract cultural code system, numeral system is a leap in thought from one cognitive domain to the other. In the previous domain, it reflects mathematical properties, while in the latter it reflects complicated cultural connotations. Essentially speaking, people comprehend and experience various views in other fields through numbers. As Lakoff and Johnson pointed out that the nature of metaphor is experiencing one thing through the other. Therefore, the cultural connotation can be taken as a conceptual metaphor. As Chinese and English belong to the eastern culture and the western culture respectively, the numeral metaphors share some similarities and also have marked differences respectively. What are the similarities and differences between English and Chinese numeral metaphors? What about their cognitive motivations? How does the cognitive process of meaning construction of numeral metaphor work? How does the cultural model work in meaning construction of numeral metaphors in English and Chinese? In order to answer these questions, the cultural connotations needed to be taken under the framework of cognitive semantics. The object of the study is cardinal number 1 to 10. On basis of the elaborate description of similarities and differences, it is to observe the conventional mapping and backstage process of on-line comprehension.

By observing the cultural cognition of numeral metaphor in English and Chinese, the study is to show the psychological process of numeral metaphorization from cultural model to mental representation and expose the cross-linguistic similarities and differences between English and Chinese. It is expected to find a new approach of integration of culture and cognition to study language and culture. This will help to give a better understanding of the nature of numerals and inner relationship between language and human thoughts.

The major findings are:

Firstly, there are similarities between English and Chinese numeral metaphors: ① Both are the extension of mathematical domain. ② Both embody philosophical implications. ③Both have mystical implications. ④Both have model numbers. These similarities have the same mathematical domain as the basis. The same image schema serves as one of the cognitive motivations.

Secondly, the numeral metaphors in English and Chinese vary in many ways such as the scope of source domain and target domain, spontaneous relationship between source and target domain, the function of cultural experiences and mapping process. From the perspective of cultural cognition, the causes of their differences concern differential experience and differential cognitive preferences or styles. Among them, the factors on cognitive preferences include experiential focus, viewpoint preference, prototype and framework etc. The decisive factors are cultural factors including different geographic environment, history, politics, religion, customs, literature and so on.

Therefore, there are three aspects concerning similarities and differences between English and Chinese numeral metaphor: physiological and neural basis, social and cultural experiences (context) and cognitive process.

Thirdly, metaphor and metonymy are one of the important paths of semantic extension of English and Chinese numerals. During the conventional mapping of numeral metaphor and metonymy, though the source domains is no longer clear, the story framework still directs and restricts the metaphorical implications in use. It is a unidirectional mapping from source domain to target domain. The backstage work of meaning construction of numeral metaphors includes the construction of mental space network, cognitive link between different mental spaces, mappings and conceptual integration between spaces. It is a dynamic on- line process in the use of numeral metaphors.

Fourthly, there are new metaphors and metonymies of numeral idioms appeared in English and Chinese, particularly in English.

Based on language data from dictionaries and linguistic corpus, the methodology of introspection is adopted to observe the cultural cognition under the theoretical framework of cognitive semantics. It is a qualitative study based on microcosmic analysis. The study differs markedly from the previous researches in its perspective.

序

吴海英从一个新的角度比较了汉英两种语言数字隐喻的意义。汉语和英语是世界上使用人口最多的两种语言,数字在语言中数量不多却是最基本的词类,而隐喻则是语言中具有文化意义的一种表达手段。这三点合起来,说明了吴海英著作中语言和文化研究双重视角的特点。

数是量的度量标志,又是质的区别标志。所以说,它是数量和质量的存在形式,是事物的具体存在形式。它在语言中体现的也是非常具体的意义。但是,人们常常在数字的具体意义之外联系上许多额外的想法,赋予了这些具体数字以不同的人文含义,这就是数字的隐喻。由于这些隐喻与每个民族的生存条件、具体文化环境和传统意识相联系,因此,各民族数字的隐喻有同又有异,于是为人们进行比较提供了可能。吴海英正是在这个基础上对英语和汉语数字的隐喻进行了比较,为人们打开数字的奥秘提供了新的认识。

数字虽然字数不多,却是语言中最有民族特色的词类。它兼有语言符号和文化符号的双重属性。一个数字一方面表示对象的数量,一方面又含有吉凶、祸福、顺逆、大小等不同含义。从神话时代到现代,数字作为事物度量的基本标尺,也是人类文明发展的标尺。因此,拿两种语言数字的隐喻来比较其共同点和差异,就意味深长了。

人们一般都把隐喻看作是一种语言的修辞手段,但细细地考察起来,隐喻又是认识世界的一种手段,甚至是人们构建世界图像的一种方式。人们可以把本来无关的两个事物联系起来，从而发现其中的内在关系。例如人们可以把“河口”和“嘴巴”联系起来，把“互联网”和“高速公路”联系起来。本来是无关的两个事物，由于某种特殊的相似性，就可以相提并论。也许人们最初并没有意识到这种联想有什么理据可言，但逐渐地发现其中的深层关系，于是我们又打开了一条认识世界的通道。吴海英的著作从认知语言学的视角，对汉英两种语言中数字的隐喻意义进行了较全面、深入的考察与分析，探讨了两种语言数字的原型意象，描述其共性与个性，并做了文化心理的考察。这是对数字隐喻意义的较全面的研究。

隐喻是认知语言学的核心概念之一。吴海英的研究说明了认知语言学与我们的文化语言学和混沌学之间的某些重合之处，并进一步想在两者之间建立起联系。在20年前我写《走向21世纪的语言科学》时，在该文结尾处曾经说道：“中国的文化语言学也许将与西方方兴未艾的认知语言学遥相呼应，成为语言学史上昭示新时代曙光的一股激流。”吴海英的著作也是为实现这个目标所做的具体工作之一。

吴海英在随我攻读博士学位的三年间，潜心研读我指定读的经典著作，能将相关学科的知识融会贯通。现在呈现在读者面前的这本书，说明作者有扎实的理论修养，学术视野开阔，研究方法灵活，体现了作者的创新热情和开拓精神。

隐喻实际上是人们在不同事物之间有意无意中形成的一种联想，这就是我在文化语言学课程中所讲的异源联想原则，只是当时我还没有将这个原则条理化。吴海英也还没意识到这一点，在书中未敞开加以论述。我很希望作者在此书出版之后，继续她已经开始的工作，用三五万字来专门阐述文化语言学的这个原则，我期待着能早一点见到这样的一本小册子问世。

张公瑾

2016年3月25日

目　录

第一章

研究问题和理论前提

第一节 研究问题及意义

一、研究问题

人类有共同的数字认知范畴,而每个民族却有各自表达数字概念的方式。各种语言中都有一定量的词来表达数目和次序,它们除了计数功能之外,还承载着厚重的社会历史文化信息,诉说着不同民族的观念、信仰、风俗及生活方式等方方面面,成为语言的有机组成部分。

从另一个角度来看,数字是一种符号体系,它一方面是一组抽象符号,另一方面还能唤起一种形象。从本质上说,数字的文化含义就是从一个认知领域到另一个认知领域的思想观念的跃进,在前一个认知领域中,表现为数字本体的特征,且总能给出具体的表达;在后一个认知领域中,表现为数字本体特征的抽象意义,更进一步讲,是文化现象。

莱考夫(G. Lakoff)和约翰逊(M. Johnson)1980年出版的《我们赖以生存的隐喻》(*Metaphor We Live by*)中提出了概念隐喻(Conceptual Metaphor),概念隐喻是莱考夫隐喻理论的重要概念,是认知语言学的重要组成部分。概念隐喻与通常所说的隐喻不同,它是对一般隐喻表达式的概括和总结,它的最主要特点是系统性、概括性和生成性。他们的研究表明:"隐喻普遍存在于我们的日常生活中,不但存在于语言中,而且存在于我们的思想和行为中。我们赖以思维和行动的一般概念系统，从根本上讲是隐喻式的。”[①]这样，他们把隐喻看作是人们思维、行为和表达思想的一种系统的方式。隐喻突破了作为一种语言现象的局限，进入到了思维层次，从而作为人类的一种认知行为日益受到重视。在日常生活中，人们常用数字来理解和体验其他事物，通过数字隐喻思维，人们表达不同的世界观、人生观、价值观、行为方式等等，这是人们认知的结果。从数字隐喻出发，可以得出一系列的隐喻表达式，如完美是数、吉祥是数、相同是数、对立是数、平衡是数等等，这些表达式受数字隐喻思维的支配，我们大脑中的认知图式已经有了关于数字和种种观念的语用知识，数字隐喻成了思维和表达思想的方式之一。由此，我们将数字视为概念隐喻。

英语和汉语源自不同的东西方文化体系，都存在着数字隐喻现象，而且在数字的隐喻蕴涵方面有着诸多共性和差异。本研究以基本数字1—10为对象，拟探讨以下问题：

a. 英汉数字隐喻有何共性和差异？它们的认知理据如何？

b. 英汉数字隐喻意义构建的认知操作机制是怎样的？

c. 文化模式在数字隐喻意义构建中如何起作用？

二、研究意义

（一）数字是一种特殊语言

赫弗德（J. R. Hurford）在他的《语言与数字》里说：“一般说来，数字明显是种神秘的、不规则的语言，因为它们所表示的那些数目，并不像其他语言表示人、位置、事物、行为、状况和性质这样实际存在的东西。”“……数字系统以清晰的方式与语言充分融合在一起，并植根于其中。”[②]语言本身是文化的重要组成部分，它与文化的其他部分有着千丝万缕的联系，那么，数字系统也“充分地与它们植根于其中”的文化融合在一起。数的概念，不是从其他任何地方而是从现实世界中得来的，数的差异说明人们对现实世界的切分不同，于是也体现出不同民族思维习惯上的差异，所以数字是构建我们这个世界图像的基本观念。通过考察数字隐喻的文化认知操

① Lakoff G. & Johnson M.: *Metaphors we live by*, Chicago: University of Chicago Press,1980, p.1.

② Hurford J.R. *Language and Number*, Oxford: Blackwell, 1987, p.5.

作，可以找出数字隐喻跨语言的共性和差异的认知理据，揭示从文化模式到心理表征的数字隐喻化心理过程，这将有助于我们更深刻地认识数字的本质，并进一步了解人类语言和思维的内在联系。

（二）探索新的数字隐喻研究途径——文化与认知结合

认知语言学是20世纪80年代国际理论学界兴起的语言研究范式，它是作为以生成语法为首的主流语言学的反叛产生的，它以经验主义哲学为基础，认为思维不能脱离形体（embodied）、思维是想象的（imaginative）、思维具有完型特征（gestalt properties），表现出语言研究的认知取向、解释取向、语义取向和共性取向。[①]在隐喻研究方面，认知语言学的贡献有目共睹，莱考夫和约翰逊提出的概念隐喻理论将隐喻升华为人类思维的普遍规律；[②]而后法康尼尔（G. Fauconnier）提出了心理空间和概念整合理论，意在探索语言形式背后的幕后认知（backstage cognition），[③]被用来研究隐喻形成的幕后心理过程；而且考维塞斯（Kövecses Z.）对隐喻的跨文化普遍性和变异性的研究亦成果斐然。[④]

由张公瑾教授倡导的文化语言学旨在挖掘语言的文化价值，即语言系统中凝聚的所有文化成果和信息。该学科强调科际整合，注重多元方法。[⑤]文化语言学以民族语言的文化心理背景为出发点，试图为词的文化释义提供丰富可靠的文化理据。认知语言学关注人类语言的共性，而文化语言学则聚焦民族语言的个性。那么，在共性与个性之间有没有相互联系的纽带？共性是怎样产生并表现于个性？如果将二者结合起来，以认知语义学的视角审视英汉两种语言中数字隐喻意义的构建，同时探析文化模式在数字隐喻化过程中的作用，将为文化语言学的理论发展提供新的思路。

---

① Ungerer F. & Schmid H. J.：《认知语言学入门》，外语教学与研究出版社2001年版，导读第23页。

② Lakoff G. & Johnson M.: *Metaphors we live by*, Chicago and London: The University of Chicago Press, 1980.

③ Fauconnier G. :*Mental Spaces*, New York: Cambridge University Press, 1994.

④ Kövecses Z. :*Metaphor in Culture*, Universality and Variation Cambridge: Cambridge University Press, 2005.

⑤ 张公瑾，丁石庆主编：《文化语言学教程》，教育科学出版社2004年版，第12页。

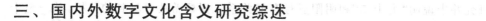

三、国内外数字文化含义研究综述

（一）国内研究

在探求世界本原、真理极致的过程中，古代东西方哲学家都把数字含义上升到哲学的范畴。在古代中国，具有文化符号意义的数值体系往往对应于宇宙观或某个哲学命题。老子的宇宙创生论"三生万物"就是一例。《说文·一部》云："一，惟初太始，道立于一，造分天地，化成万物。"说的"一"为数之始，也是世界万物发轫之始，并由数的递增演化出万物，整个宇宙以及人类生存和运动无不受着一种"数"的制约。

历代学者们都注意到了数字这种特殊语言及其社会文化功能，如汉语中特有的数字合称，使汉语更加凝练，有丰富的形象内容，提及书法家"宗法二王"，便令人想到王羲之、王献之父子的书法神韵，说起"文房四宝"，便可知那是笔、墨、纸、砚。在诗词文赋中，使用数字合称，成了一种特殊的"用典"，显示了数字的特殊审美价值。

在数字文化意义的研究中，汪中举出大量典型古籍文献来论证"三"和"九"："于是先王之制礼，凡一、二之所不能尽者，则以三为之节，'三加''三推'之属是也。三之所不能尽者，则以九为之节，'九章''九名'之属是也。"后推出三表"多"，"九"表"极多"，都是"虚数"。[①]20世纪初中国学术界对数字的研究沿袭了古代中国思想文化研究通行的文献学方法，讨论数字的文章不多，丁山的《数名古谊》里说："九，本肘字，象臂节形……臂节可屈可伸，故有纠屈意。"[②]另有樊缜的《解释"三七"》、彭仲铎的《释三、五、九》里说"三""五""九"为"套数"，[③]也即模式化的数字；闻一多、季镇淮和何善周合著《七十二》[④]，他们通过对"七十二"的考证，发现了深藏于数字背后重要而丰富的文化意蕴："'七十二'这个数字流行的年历，便是五行思想发展的年历。这个数字词值得注意，正因为它是一种思想——一种文化运动态的表征。"20世纪70年代初，杨希枚写了《中国古代的神秘数字论稿》，指出闻一多的

---

① 汪中：《新编汪中集》，广陵书社2005年版，第347页。

② 丁山：《数名古谊》，载中央研究院历史语言研究所编集刊1928年版第1期，第89—94页。

③ 彭仲铎：《释三、五、九》，载《国文月刊》1942年版第16期，第5—9页。

④ 闻一多，季镇淮，何善周：《七十二》，载《国文月刊》1943年第22期，第8—12页。

研究并未说明“七十二”和阴阳五行有何关系。据杨希枚对易卦的分析，从一至十的十个奇偶数字为基本天地数，其中五个奇数称为天数或阳数，另外五个偶数称为地数或阴数，如下：

天一、地二、天三、地四、天五、地六、天七、地八、天九、地十

而真正的天地数是“三”和“四”，中国古人认为天圆地方，而“三”和“四”分别象征圆和方。这些神秘数字和八卦符号相辅相成地成为表达古代人类的思想、与天地鬼神交通的一种媒介物，也即宗教语言。①另外杨希枚先生还有《略论中西民族的神秘数字》一文，提出中西神秘数字表现出类同现象，著者认为这涉及人类心理的同一性（the psychic unity）、文化传播和文化交流。②

20世纪80年代以来，随着“文化热”的出现，注重数文化研究的人渐渐多起来，特别是自文化语言学诞生以来，掀起了一股数文化研究热潮。研究方法和视角呈多元化趋势，研究也更为系统，一方面有学者继续运用文献学方法考释数字的古代神秘意义。庞朴先生对“三”和“五行”思想有深入的哲学式探讨，在《说“参”》里，认为“五”和“三”“共同构成中华文化的数字骨架”。而中国古人对“三”的推崇来自于“三元思想”，是“关于对立统一规律的一种表述”③；在《“数成于三”解》一文中，又进一步从八卦推到周人的文化，从周礼中的“昭穆制度”推出“三”的来源与远古的婚姻制度有关。④另外，周瀚光的《先秦数学与诸子哲学》从数学哲学的角度探讨了“一”与先秦宇宙观、认识论、方法论、社会历史观的关系。⑤俞晓群的《术数探秘——数在中国古代的神秘意义》从象数、天数、礼数、命数、律数、医数和算术七个方面论述了数术这一古老而神秘的思想体系，揭示了古人以数理机制来预示人事凶吉、解说自然现象、测定国运兴衰等活动的思想观念和方法。叶舒宪和田大宪的《中国古代神

① 杨希枚：《中国古代的神秘数字论稿》，载《杨希枚集》中国社会科学院出版社2006年版，第389—426页。

② 杨希枚：《略论中西民族的神秘数字》，载《杨希枚集》中国社会科学院出版社2006年版，第427—453页。

③ 庞朴：《说“参”》，载《稂莠集——中国文化与哲学论集》上海人民出版社1988年版，第337—354页。

④ 庞朴：《“数成于三”解》，载《一分为三——中国传统思想考释》海天出版社1995年版，第105—113页。

⑤ 周瀚光：《先秦数学与诸子哲学》，上海古籍出版社1994年版。

秘数字》根据神话思维的演进过程与规律，通过对几个主要神秘数字的研究，探讨了中国古代神秘数字的体系构成和生成规律。

另有学者较为注重数字的实际运用和社会功能，如陈原的《释“九”》(《语言的社会机能——围绕五个汉字》)，戴昭铭发表了《“数”在中国传统文化中的符号功能》和《数字“五”的文化符号功能》。有些学者对数文化进行了全面的研究并出版了专著，如吴慧颖的《中国数文化》、王红旗的《生活中的神妙数字》和《数：神奇的含义》、张德鑫的《数里乾坤》，他们都把数当作一种表现在社会历史、人际交往、文学创作、风情习俗、日常生活、言谈举止等各方面的文化现象来进行考察，语料丰富，论述了数字里蕴含的华夏民族的传统宇宙观、美学观和民俗观等。杜勤的《“三”的文化符号论》运用文献学和人类学的方法，阐释了“三”这个文化符号的深层内涵，多层次地呈现了古代中国人的精神面貌。还有王晓澎、孟子敏的《数字里的中国文化》等。这些论著为读者呈现了异彩纷呈、瑰丽迷人的中国数文化。

2000年以来数文化的研究专著呈减少之势，其他著述有关数字研究的章节中，台湾学者龚鹏程从文化符号学的角度，把数字和语言、意象、文字一起看作是中国传统文化的思维符号，在分析了数的思维、数的传统、数的理论、用数之法之后，认为中国古代“因数明理的思维形态对后世影响深远”①。

张笛的《汉英基本数词对比研究报告》从词汇学的角度，把汉英基本数词放到文化大背景下去观察，从基本数词的词义、聚合、组合等方面入手，抽取相关语料组建了封闭域，对汉英“十”以内的基本数词进行了较详细的描写和对比，该文的落脚点基本上都是因为文化的差异造成的形式上和意义上的种种差异。

在少数民族语言研究领域，数字研究也受到了广泛的关注，就现有资料看，有来自藏语、蒙古语、维吾尔语、彝语等民族语的研究。20世纪70年代末，马学良先生曾写《彝语“二十、七十”的音变》；哈斯巴特尔从历史发展的角度考释了蒙古语的“一”和“二”的词源，认为“二”与“变”在语义上同源，其中“变”来自“分、分开”，而“分、分开”又源自“击、打”；②胡书津研究了藏文数字藻饰词及其文化内涵；罗美珍综合比较研究了我国民族语言中数量词的结构，从中窥探出人类早期文化的风貌，

---

① 龚鹏程：《文化符号学导论》，北京大学出版社2005年版，第37—73页。

② 哈斯巴特尔：《关于蒙古语数词qoyar“二”的词源》，载《民族语文》2003年版第2期。

以及种族文化对语言的制约。[①]

纵观之，上述中国学者的研究呈现以下特点：

a. 文献学研究贯串始终，承袭了中国传统的语文学注重实用、注重和中国文化融合的优良传统，在数字文化的研究中仍极具价值。

b. 就研究内容来说，数字在现实生活中的社会文化功能研究得到凸显。

c. 语言学和人类学研究相结合。

(二) 国外研究

西方先哲很早就将世界本原归于数，古希腊曾产生过唯数论的思想，毕达哥拉斯(Pythagoras)学派认为万物均是数或以数为原型而形成的，他们提出了“数是万物之源”的哲学命题。亚里士多德的《形而上学》述及此派：“通过对数学的研究，他们认为数的本源，是万物的开始。因为在所有的本原中，数在本性上居首位。在他们看来，同火、土、水相比，数和那些存在着的东西以及生成着的东西之间有着更多的相似之处。同时，从某一方面看，数的属性是灵魂、理智，或者机遇，其他事物也都能用数来表示。而且，他们还看到，音阶‘和谐’的特点和比率也在数之中……在整个自然界，数是第一位的。”[②]简单来说，此派认为万物之所以可理解，皆由于可数，可数也就可量。这种思想对柏拉图以及西方哲学深具影响。

当代西方学者包括数学家和自然科学家更深刻地认识到“数”不仅属于自然科学范畴，还在人文科学的视野中。美国著名数学家M·克莱茵在《西方文化中的数学》中论述道：“通过更仔细的研究我们发现，人类思想和激情的优秀成果，无论是艺术、宗教或科学的成果，还是哲学成果，与一定的数学内容相关。”[③]他还提到“宗教神秘主义也不乏对数的性质的好奇心，而且将数作为表达神秘主义的媒介，其中，数字3和7引起了特别的关注”[④]。

西方学者对数的研究主要有以下几个方面：

① 罗美珍：《谈谈我国民族语言的数量词》，载《民族语文》1996年版第2期。
② [古希腊]亚里士多德：《形而上学》，李真译，上海人民出版社2005年版，第28页。
③ [美]M·克莱茵：《西方文化中的数学》，复旦大学出版社2004年版，第2页。
④ [美]M·克莱茵：《西方文化中的数学》，复旦大学出版社2004年版，第19页。

1. 语言学研究

语言学界对数字的研究由来已久，19世纪历史比较语言学家们运用比较的方法，通过对梵语、希腊语、拉丁语、波斯语以及日耳曼语数字的研究，发现它们由同一种古语分化而来。法国语言学家梅耶在他的名著《历史语言学中的比较方法》中曾三次讲到印欧语系的数字在历史比较法建立中的作用。在当代语言学界，国外学者们对数字研究有着不同的兴趣，因而研究角度各有不同，相当多的学者致力于计数系统的跨语言类型学分析（Szemerenyi 1960, Greenberg 1978, Gvozdanovic 1992），不同文化中多样化的计数系统中的基本数字是他们研究的焦点（Menninger 1970, Ifrah 1998）；其余跨语言的研究侧重于计数系统的内部结构在不同民族语言中的差异（Hurford 1975, Corbett 1978），此类研究还关注不同数字系统对现实世界不同的概念化方式（Saxe 1982, Ifrah 1998）。J·R·赫弗德从转换生成语法的角度阐释了自然语言中的数字系统（1975, 1987），认为人类的数字能力与语言能力是一个整体，通过揭示数字本质可以揭示语言与大脑、语言和社会的关系。另外，还有的学者从语义和语用的角度，分析数字的语法意义（Bultinck 2005）。

2. 人类学研究

国外对数字文化含义的研究主要来自人类学家，法国人类学家列维·布留尔在《原始思维》一书中认为原始人没有抽象的数概念，因此对于“五”、“六”、“七”以上的概念，他们只懂得个体增加。他们认为数与属于这个数的东西性质互渗。例如，北美印第安部族往往赋予“4”神秘意义；中国古代的四季、四方、四象相配，五色、五方、五行相配，这是一种原始思维。他认为“计数法也和语言一样（不应当把它们与语言分开），乃是取决于集体思维的社会现象”①。在原始人那里，数字具有神秘意义，思维也是神秘的。

美国人类学家克利福德·格尔兹（Geertz C.）在描述巴厘人的斗鸡时指出，参赌者所赌的东西不只是物质利益，还有名声、荣誉、尊严和尊敬，这种赌博系统是用数字表示的语言来运算的。

德国学者K·门宁格（K.Menninger）的《数字与数字符号》研究了与人们日常生活紧密相关的数字应用，即数字文化。作者认为，数字存在于所有文化中，并随各

① [法]列维·布留尔：《原始思维》，丁由译，商务印书馆1981年版，第245页。

民族的发展呈现出多样化的数字图景。书中列举了一些具体文化中数的民俗象征意义，如希腊文化、罗马文化、埃及文化、巴比伦文化、中国文化、印度文化、日本文化等，并对印欧语系语言中各个数字的来源进行了分析。K•门宁格运用了大量语言学和人类学的材料，从语言和文化的角度对数字进行了研究。在书的结尾，K•门宁格提到了中国文化中的数字，在他眼里，中国是一个神秘的国度，中国文化绵延数千年，见证了希腊罗马文化的兴盛与衰亡。他认为是汉语和汉字阻挡了外来的侵袭，使中国文化保持完好。汉语口头和书面语中的数字是"奇特的(unique)"。[①]K•门宁格对比了汉语、日语、韩语中的序数系统，从语言学的角度讨论了汉语中数字的读音、语义和声调。

另外一个长期关注数和世界文化的关系的是美国学者Z•克劳迪娅(Claudia Z.)，在《非洲计数系统》(1990)一书中，她认为，数系统的发展与人类的需求有关。书中考察了非洲民族的手势计数、禁忌与神秘主义、日常生活中的数等，展现了非洲特殊的数字意义模式和神秘的数字信仰。作者还论述了数字与非洲时间观念、数字与市场和货币、数字与游戏、数字与建筑、数字与迷信。Z•克劳迪娅的研究被认为是开拓性的，是K•门宁格在数文化研究方面的延续。

托马斯•克伦普(Thomas C.)的《数字人类学》是"世界上第一本通论性的数字人类学著作"[②]，作者集数学家和人类学家于一身，以翔实的人类学资料全面系统地论证了数字独特的文化本性，包括数字本体论、识数的认知基础、宇宙论与民族科学、语言、经济、社会与政治、时间、货币、音乐、舞蹈、建筑、竞技等，是数字人类学的拓荒之作。托马斯•克伦普在论述中国传统文化中的数字时提到干支的使用，认为它是一种自我循环的序数系统，有相当确定的非数字意义。中医中的针灸是一种以人体的空间模型为基础的治疗方式，《黄帝内经》涉及适合于刺针的365个穴位，这个数目不仅与一年中的365天有关，而且与地球等天体绕太阳一圈(365°)有关。[③]

数字神秘性在各种文化中都存在，安玛丽•史迈尔(Schimmel A.)和弗朗西斯•

① Menninger K. :*Number Words and Number Symbols:A Cultural History of Numbers*, Cambridge and London: MIT Press, 1970. p.54.

② [英]托马斯•克伦普:《数字人类学》，郑元者译，中央编译出版社2007年版，第7页。

③ [英]托马斯•克伦普:《数字人类学》，郑元者译，中央编译出版社2007年版，第93页。

卡尔·安德鲁(Endres F. C.)在《神秘的数字》(1994)中认为,在历史的各个时期和各个社会里,数字都充满了神秘意义,书中展现了1到10 000的数字象征意义,她认为这种象征意义深植于西方文化中,如毕达哥拉斯学派和柏拉图学派的哲学以及中世纪犹太神秘哲学的宗教神秘主义。她用了大量来自印度、中国、美洲印第安人的实例,从文化和人类学的角度阐释了这些数字在不同文化中的象征意义,例如,"2"被普遍看作是表示矛盾和对立的数字,而根据古代和新柏拉图派哲学的思想,"6"是个完美的数字。作者在这部著作中充分展现了丰富的跨文化数字含义。

霍波尔(Hopper V. F.)的《中世纪的数字象征》(2000)论述了中世纪数字的来源、意义以及对思维和表达的影响。作者详细考察了数字象征意义的基本来源和占星术意义、早期教堂神父的数字哲学等。

3. 数字的认知研究

我们在Blackwell数据库里检得1995—2007年间35篇有关数字研究的期刊文章,其中有20篇是从认知科学和心理语言学的角度进行的研究,认知科学与心理语言学对数概念的研究受皮亚杰对儿童数概念研究的影响,主要涉及以下内容:儿童对数字的理解可以反映人类对数字的认知机制,儿童数觉与视觉、空间感觉的关系;儿童数字的习得;人类的数字认知与动物不同,是语言打通了数字认知的通道;对失语症患者数字认知的考察;数字的视觉空间形式和联觉(视觉、味觉)的关系等。

总之,国外数字研究主要来自于语言学、人类学、认知科学和心理语言学领域,数字文化含义的研究源于西方对原始部族文化研究的人类学传统,这些研究的突出特点是材料丰富,通过运用对比研究的方法,对各种文化(西方文化和非西方文化)中的数字的不同文化含义做出了人类学的阐释,涉及数字和物质文化、宗教、哲学、民俗、语言、社会等方面的关系。

认知结构中的数范畴是全人类共有的,数概念是语言的重要构件,在不同的语言中有各种各样的形式,受到了国内外研究者的长期关注。通过比较发现,国内外对数字文化的研究在范围、视角、方法以及研究者的知识结构方面各有不同的特点。

在数字的语言学研究方面,国内研究者较少关注现代汉语中的"数",如"数"的类别归属、范围、使用情况、语用价值等，多从类型学、范畴化角度的研究出发，是多语言对比的类型学视角，目的是发现语言的共性，而国外类似研究是数字语言学研究的焦点，他们考察多种语言中的计数系统，通过揭示数字本质来揭示人类大脑的认知机制，而且认知领域的研究也认为语言是数字认知的通道，相关研究表明了语言学研究和认知科学结合的趋势。国内此类研究多为描写性的。

就数字文化含义而言，国内的研究重在挖掘数字中包含的中国传统文化意义，学者们多用文献学的方法来考察数文化的源与流，但很多文章停留在举例说明阶段，没有更深一步的阐释。国外的数文化研究主要运用人类学的方法，他们通过大量的人类学资料来展示各个民族的数文化。

从现有资料来看，国内的数字文化含义的研究者来自语言学、历史、哲学等领域，英汉数字文化对比研究多为外语界学者，他们多和翻译以及第二外语教学相结合，探讨数文化的应用，认知科学领域的研究者较少；国外研究者主要来自语言学、人类学以及认知科学等领域，研究者的学术背景不同，研究的角度、内容、范围也各有不同。

国内外学者对数文化的研究各有千秋，均富有成果，我们认为，二者应取长补短，互相借鉴，而且数文化含义涉及语言、文化、心理、社会、认知等方面的因素，它要求多学科的交叉研究，也应关注其历时演变。

第二节 理论前提

一、语言的人文研究

(一)语言研究的人文传统

语言学界有多元化的语言观和语言研究视野,对语言的人文研究有悠久的传统,中国传统的小学研究与古代文化有不解之缘,西方语言学的人文传统可以追溯到德国语言学家洪堡特,他认为语言是“一种创造活动”,语言是“民族精神”。研究语言不能孤立地看问题,应该与历史文化、风俗习惯的研究相结合。在语言之间的差异方面,他认为“语言是民族个性的模印,而每一个民族个性都以某种原初的特性为基础”,“语言的差异是一种自然而然、可以理解的现象。另一方面,与这种差异同时并存的相似性也不应让我们感到惊奇,因为,即使再大的民族差异,也终将融聚于普遍的人性之中”。① 这里,洪堡特认为人性是语言的本质属性,研究语言必须和人联系起来。以萨丕尔和沃尔夫为代表的人类语言学家在很大程度上继承了他的观点,萨丕尔在《语言论——言语研究导论》中把语言的特点和本质归纳为:“言语这人类活动,从一个社会集体到另一个社会集体,他的差别是无限度可说的,因为它纯然是一个集体的历史遗产,是长期相沿的社会习惯的产物。言语之有差

① [德]威廉·冯·洪堡特:《洪堡特语言哲学文集》,姚小平编译,湖南教育出版社2001年版,第363页。

别正如一切有创造性的事业都有差别，也许不是那么有意识的，但是正象(像)不同民族之间，宗教、信仰、习俗、艺术都有差别一样。走路是一种机体的、本能的功能；言语是一种非本能性的、获得的、'文化的'功能。"[①]沃尔夫更加强调文化的规定性，认为"所有语言都是一个与其他语言不同的庞大的型式系统，这个型式系统包含了由文化规定的形式和范畴"[②]。

因此，语言研究只有结合人的因素、文化因素，才是探索和认知语言本质的有效途径。

(二) 当代人文哲学的语言观

20世纪哲学研究的语言学转向使许多哲学家将语言作为探索人类基本问题的突破口，海德格尔、伽达默尔等人实现了解释学的"本体论转向"，宣布"语言是存在之家"。"家"是比喻说法，指语言与存在的同源性和本质的一致性，语言和人互相依附。海德格尔对"家"又有进一步的阐发，"如果人通过他的语言居于在的宣告和召唤中，那么，我们欧洲人和东方人也许居于完全不同的家中"[③]，他赋予语言以极高的地位，认为语言是人类最后的家园。从语言研究的角度看，不同语言确实存在很大的差异，但语言是人的语言，语言又使人成为真正的人，所以人在语言中能"诗意地安居"。这里，海德格尔用诗性的语言表达了语言的本质属性即是人性的看法。伽达默尔也认为语言在本质上属于人的生活世界，也就是语言与人类一体、与人类对世界的认识和实践一体。另一个致力于人类文化哲学研究的哲学家是恩斯特•卡西尔(Cassirer E.)，他主张从感觉、直觉到概念的发展过程，就是语言从实体到功能、从直接到间接、从个别到一般、从具体到抽象的不断发展过程，象征着人的文化创造性的不断成长。这种文化创造性彰显了语言在人类文化中的独特地位，揭示了人类特有的精神本质和创造能力。这一看法与洪堡特的语言是"创造活动"、语言是"民族精神"的看法不谋而合，而这种看法是卡西尔"隐喻思维"[④]的基

① [美]爱德华•萨丕尔：《语言论——言语研究导论》，陆卓元译，商务印书馆1985年版，第4页。

② [美]本杰明•李•沃尔夫：《论语言、思维和现实——沃尔夫文集》，高一虹等译，湖南教育出版社2001年版，第256页。

③ [德]海德格尔：《人，诗意地安居》，郜元宝译，上海远东出版社2004年版，第76页。

④ [德]恩斯特•卡西尔：《语言与神话》，于晓等译，生活•读书•新知三联书店1988年版，第102页。

础，他认为，“语言究其本性和本质而言，是隐喻式的；他不能直接描述事物，而是求助于间接的描述方式，求助于含混而多歧义的语词”[①]。卡西尔对数也有独特的看法，语言中的数的直观如同空间直观、时间直观那样，不断超出具体事物与具体活动的实体性限制，而不断强化其功能意义和逻辑力量，[②]也就是，数具有超越具体实体的隐喻功能，从直观到抽象、从具体到一般。卡西尔还把语言分为狭义和广义，狭义的语言是指具有自身独特结构、功能和规则的日常语言。广义的语言则是指人类文化，每一种文化形式如神话、宗教、艺术、科学等都是一种语言。

二、认知语言学的语言观

认知语言学提出了非客观主义（nonobjectivism）的经验现实主义（experiential realism）哲学或经验主义（experientialism）哲学，以此作为自己语言学思想和方法的基础。

与语言学理论的主流截然相反，其经验主义认知观主要体现在以下几个方面：①思维是不能脱离形体的（embodied），用来连接概念系统的结构来自于身体经验并依据身体经验，此外，人类概念系统的核心直接以人类的感知身体运动和经验为基础。②思维是想象的（imaginative），那些不是直接来源于经验的概念是运用隐喻转喻和心理意象的结果，所有这些概念都超越了外在现实的直接映象或表征（literal mirroring or representation），正是这种想象力才产生了抽象的思维并使心智超越我们所看到的和所感知到的，这种想象力也是不能脱离形体的，因为隐喻转喻和意象都是以经验，通常是身体经验为基础的。③思维具有完形特征（gestalt properties），因此不是原子的概念，有一个总的结构而不仅是根据一般规则。④思维具有生态结构，就像在学习和记忆中一样，认知加工的效率取决于概念系统的总结构以及概念的意义，因此思维不只是抽象符号的机械操作。⑤概念结构和理性不可能用形式逻辑来精确描述，但可以用具有上述特征的认知模型

① [德]恩斯特·卡西尔：《人论》，甘阳译，上海译文出版社2004年版，第152页。

② Cassirer E. :*The philosophy of symbolic forms: v1. Language*, New Haven:Yale University Press, 1953, p.229.

(cognitive model)来描写。⑥认知模型理论在说明有关范畴化的实际材料时，吸收了有关范畴化意义和理性的传统观点中的正确方面，这种经验主义认知观代表了第二代认知科学的基本观点。在对语言的根本看法上，认知语言学持有与生成法针锋相对的工作假设：①语言能力是人的认知能力的一部分，故语言不是一个自足的系统，其描写必须参照认知过程。②语言结构与人类的概念认知有关。

认知语言学是语言研究的一种方法，语言形式反映人们对世界的认知方式和内心的认知机制，认知语言学强调深入探索符号形式与其意义之间的理性联系，努力解释语言交际过程中的一般认知机制和规律。

认知语言学以意义为中心，它的隐喻认知观能解释一词（或更大的语言单位）多义现象背后的认知动因，能更好地解释语义产生、发展和演变背后的理论根据，这样就能将字面(literal)语言和比喻语言放在语言研究统一的理论框架下。

基于语言人文研究和认知研究的优势，将二者结合起来是对语言文化研究的有益尝试。对英汉数字隐喻的共性、差异和认知过程的考察将在认知语义学的理论框架下进行，包括原型理论、隐喻映射理论、心理空间和概念整合理论、隐喻的普遍性和变异性理论。

第三节 研究方法与语料来源

对英汉数字隐喻研究所采取的方法是在大量语料基础上的内省分析法，是微观分析的定性研究。

字典和辞典是前人的智力劳动成果和研究结晶，它们为汉英数字的义项和词源提供了依据，这是考察数字隐喻的重要途径。由于研究对象是英汉两种语言中的数字，主要目标是对它们之间的共性和差异做出合理的解释，而充分的解释依赖于充分的描写。20世纪中期兴起的语料库语言学是一种以自然语言为研究对象、重视语料收集和数据统计的实证主义的语言研究方法。由于语料库能全面、客观地提供所研究语言项目在自然状态下的真实使用情况，所以，语料库的支持是对数字隐喻研究的有力补充。

汉语语料库来自厦门大学语言技术中心开发的中文自然语料文本语料库，共1 061万字次，涉及的语体有书面语和口语，语域(学科)包括文学、科技、新闻、广告、法律、经济、政治、哲学、语言、教育、历史、社会、宗教、艺术、生活、军事、体育、卫生等，体裁(类型)包括小说、散文、诗歌、戏剧、影视、文书、论著、演讲、会话等。网址为：http://www.luweixmu.com/ccorpus/index.htm。英语语料库来自英国国家语料库，共100万字次，体裁包括会话、小说、报纸、学术和其他。网址为：http://corpus.byu.edu/bnc/x.asp。

需要说明的是，凡引自文学作品的语料将一一注明出处，由于技术原因，来自语料库的语料将不做注。

第二章

英汉数字原型意象

无论在英语还是汉语中，基本数字1—10除表计数的意义之外，还有许多非数字意义。如《汉语大词典》中的“一”的义项有22条，*The New Oxford Dictionary of English*（《新牛津英语词典》）中“one”的释义有19条，其中大部分失去了数字的本体意义，在具体的文化语境中呈现出丰富的联想，在这些纷繁复杂的联想中，哪些在各自的文化中最为凸显、最具代表性？下面试从认知语言学的原型理论视角考察英语和汉语中1—10的原型意象。

第一节 原型理论与数字的原型性

一、原型理论

（一）原型范畴理论

传统的释义方式以亚里士多德理论逻辑学为基础，认为范畴是依据成员的充分必要条件来界定的，特征是二分的，某一认识对象要么属于、要么不属于某一范畴，一个范畴的全部成员共享某些特征。范畴的边界是清晰的，范畴内的所有成员地位相等（Taylor 1995）。[①]随着语言研究的不断发展，经典范畴理论受到越来越多的语言学家的质疑和新的语言学理论的挑战，最著名的理论有维特根斯坦的“家族相似性”（Family Resemblance）以及在此基础上发展起来的原型理论（prototype theory）。他们认为“充分必要条件”已无法解释现代语言复杂的语义和文化成分，而根据现代认知科学发展起来的“原型理论”可以更全面、更准确地描写和分解语义。

维特根斯坦通过对“Spiel”（游戏）概念语义特征的细致考察，发现了“家族相

① Taylor J. R.:*Linguistic Categorization*, Oxford: Clarendon Press, 1995.

似性”原理。他指出：“……棋类游戏、纸牌游戏、球类游戏、奥林匹克游戏等，所有这些游戏，什么是共同的呢？请不要说：‘一定有某种共同的东西，否则它们就不会都被叫做(作)游戏。’请仔细看看它们是否有共同的东西。如果你观察它们，你将看不到什么共同的东西，而只看到相似之处，看到亲缘关系……我们看到一种错综复杂的互相重叠交叉的相似关系的网络：有时是总体上的相似，有时是细节上的相似……我想不出比‘家族相似性’更好的表达式来刻画这种相似关系，因为一个家族成员之间的各种各样的相似之处：体形、相貌、眼睛的颜色、步姿、性情等，也以同样方式互相重叠和交叉。所以我要说：‘游戏’形成一个家族。”①

20世纪70年代，拉博夫(Labov W.)和罗什(Rosch E.)对许多自然范畴进行了试验研究，发现自然界中的许多范畴也具有“家族相似性”，他们将这些具有“家族相似性”的自然范畴称为“原型范畴”。②罗什又从认知语言学的角度对自然语言的语义概念范畴(categories)问题做了大量研究，认为概念由两个因素构成：①原型；②范畴成员代表性程度(Degree of Category Membership)，③这奠定了原型理论的基础。

原型范畴最重要的特点是范畴的原型性，范畴的原型性是指范畴的确定主要依据原型成员，即典型成员，它是每一类物质和事件中最具代表性的个体，处于范畴的中心，具备范畴的理想值，具有最大的区分性和最多的信息量，也是人们最为熟悉、最常见的事物。而且，“原型”具有能被感知的最明显的区别性特征，即具有完整的感知外形。它的完形意象作为认知参照点最易于储存在人的大脑中。而且在此层次上，人们的分类与客观的自然分类最接近，因此，根据原型来划定和识别范畴，会使人们处理事物最容易成功，区别事物也最轻松。

另外，原型范畴还具有范畴边界的模糊性、开放性，及范畴结构的向心性等特点。

---

① [英]维特根斯坦：《哲学研究》，李步楼译，商务印书馆1996年版，第47—48页。

② Labov W.:"The boundaries of words and their meanings", In: Bailey & Shuy (Eds). *New ways of Analyzing Variation in English*, Washington D. C.: Georgetown University Press, 1973.

③ Rosch E.:"Cognitive Representation of Semantic Categories", *Journal of Experimental Psychology*, 1975(4), p.104.

原型理论的实质就是人们在解释某种现象时将属于这类现象的个体视为原型，并以此把握这类现象的其他个体。所以，R. Debove说："原型是一个特定的对象，是根据一个语言群体意识中最典型的个体所形成的心理映象，作为鉴别同类事物的尺子和标准。"①

英汉数字原型意义居中心地位，是其他意义的参照，是数字语义扩展的基础和出发点。

(二) 意 象

认知心理学家认为，意象是对事物的感知在大脑中形成的一种表征(representation)，但这种表征是删除了具体细节的有组织的结构，是客体或事件在大脑中一种抽象的类比物(abstract analogy)。意象可以长期保留在记忆中，并在心理上进行转化和变形操作，以便进行思考和推理。兰盖克(Langacker R. W. 1987)认为影响意象形成的因素有四个：观察对象的选择(selection)；观察视角(perspective)；认知突显(salience)；情景构建的详细度(specificity)。②观察对象的选择是指选择观察某物或某情景的某个特征。观察视角与认知突显是指由于不同的观察角度、不同的注意焦点而导致所观察的事物或场景在认知上的显著程度不同。

意象的四个因素不同程度地影响着语义的阐释。选择不同的观察对象要求有不同的认知参照域，即理解意义需要不同的知识系统。

"原型说"将概念与感觉意象联系起来，更确切地说，原型是指作为范畴核心的图式化的心理表征，是范畴化的认知参照点。

① Debove J. R.:"Prototype et Définitions", In *Revue Linguistique DRLAV: Ecriture et Formalismes,* 1990 (41).

② Langacker R.W.:*Foundations of Cognitive Grammar: Theoretical Prerequisities.* Vol.1, Stanford: Stanford University Press, 1987.

(三) 原型意象与文化模型

认知语言学认为在人和客观世界之间有一个认知结构作为媒介，将外部世界的现实投影到自然语言的语义中，但由此得到的语言图景却不能等同于现实世界。语言图景反映出的只是语言持有者关于某个物体应该是什么样的一些原型概念。譬如，鸟的原型概念是会飞；红色的原型概念是像火一样等。

因此，源于基本文化经验的原型意象常常是最先出现在我们心目中的具代表性的范畴成员的意象，因此是该经验范畴的典型意象、一种图式和理想范式。

原型范畴并非固定不变，而是随着语境的变化而变化，并依赖于贮存在我们心中的文化模型(cultural models)，从广义来讲，就是我们的社会和文化方面的知识。①

二、数字的原型性

现代文化人类学认为，不论是在史前社会还是在文明社会，普遍存在着一种世界性的文化现象，那就是某些数字除了本身的计算意义之外，还兼有某种非数字的性质，它们在哲学、宗教、神话、巫术、诗歌、习俗等方面作为结构素反复出现，具有神秘或神奇的蕴涵。②这些神秘数字是人类认识发展的特定产物，又是原始观念的载体。它们是原始先民借原始思维所获得的对宇宙万物运动变化规律的具体数字化的直观认识，从而具有神圣的象征意义，并且具有顽强持久的传承力量，世代相沿，最终积淀为人类集体无意识中的一种生成性的原型数码观念。它不断重复、不断被重新唤起，是一种反复出现的意象。它已经根植于世界各民族的心灵深处，作为一种审美化的集体意识，在潜移默化中建构着我们日常的话语世界。在古代埃及、希腊、中国等文明中均可寻觅到古老数字观念的踪迹。前苏联学者B•H•托波罗夫在讨论神奇的数字时指出："在古老的传统中，数字运用于被赋予虔敬化、'宇

① Ungerer F. & Schmid H.J.:《认知语言学入门》，外语教学与研究出版社2001年版，第43页。
② 叶舒宪，田大宪：《中国古代神秘数字》，社会科学文献出版社1998年版，第1页。

宙化'的意义之情景。这样一来,数字成为世界的意象。"①在数的抽象化的过程中,在使用中脱离了事物的具体表象,使用时又和具体事物相联系,它一旦形成,就历久不衰,世代相传,成为某一地域或民族的集体意识。这些数字会在人们的生活中不断体现它们的元编码功能,作为原型数字进入修辞话语。

维特根斯坦也曾讨论"数"这个词所代表的范畴的原型性。他说:"各种数也以同样的方式形成一个家族,为什么我们把某样东西叫作一个'数'?也许是由于它同某些一向被叫做(作)数的东西具有一种直接的关系,因而使它与那些被我们以同样方式称呼的东西具有一种间接的关系。我们把数的概念加以扩展就如同在编绳时把一些纤维绕在另一些纤维上一样。绳的强度并非在于有一根贯穿全绳的纤维,而是在于许多纤维互相重叠。"②维特根斯坦从家族相似性出发指出了数范畴的原型性,即像纤维一样的重叠交织特性,而它的边界是开放而模糊的。

下面将考察汉英数字的原型意象。

① B•H•托波罗夫:《神奇的"数字"》,魏哲译,载《民间文学论坛》1985年版第4期。
② [英]维特根斯坦:《哲学研究》,李步楼译,商务印书馆1996年版,第48—49页。

第二节　英汉数字的原型意象

数的起源，远在史前，详情已无法探究。① 古老数字观念的产生和传承与世俗文化、宗教文化、巫术文化密不可分，具有显著的神秘性。古代西方就有把数和神灵联系起来赋予神秘意义的神数术，“3”、“7”、“10”、“13”、“40”和“60”受到特别宠爱。神数术中最荒唐的是字数术②，直到今天，字数术依旧存在影响。毕达哥拉斯学派把神数术系统化，发展成为“数本说”，影响深远。中国则有“太极阴阳”、“五行八卦”等数理哲学，中西不同的哲学体系对英汉数字原型意象的形成起着重要作用。

一、老子哲学与汉语数字的原型意象

（一）老子哲学

老子哲学的核心是“道”，王岳川先生在《道德经》序言里指出：“‘道’是《道德经》一书中的中心概念和最高范畴。老子的哲学思想是以‘道’建立起来的完整的

① [美]M·克莱茵：《西方文化中的数学》，复旦大学出版社2004年版，第3页。

② 古希伯来文和希腊文的每一个字母都有“音”和“数”这两种意义。一个词中各字母的数的总和就是这个词的数，这就是所谓字数术。在《启示录》中“兽”字的数是666，天主教把它解释成反基督的数。天主教神学家彼得·邦葛斯发现路德(Luther)二字的字数和正好等于666，并以此论证路德是反基督的。

智慧哲学体系。”[1]“‘道’是抽象的绝对，是一切存在的根源，是自然界中最初的动力和创造力。”[2] 老子认为“道”是整个宇宙的本原，下面的表述常被人引用说明宇宙的来源和发展。

道生一，一生二，二生三，三生万物。(《道德经》42章)[3]

这里，数字“一”、“二”和“三”不是指实际的数量，而是用来表“道”在宇宙万物产生过程中的重要作用。“一”意指太极，即宇宙。“一”又能化生对立的“二”，“二”意指阴和阳，阴和阳分别代表地和天，阴阳两极互动，于是有中，随即成“三”，“三”即多，多则变变则化焉，随处流转。后庄子认为“与时俱化”(《庄子山木》)，这样，老庄道家便建构了一个本体论意义上的宇宙创生及辩证法意义上的运动变化体系。如图2-1所示。

图2-1　阴阳图

阴阳图又称太极图，内部由黑白两部分组成，代表阴阳两方，天地两部；为事物对立的两个方面。黑鱼带白眼，白鱼带黑眼则表示“阴中带阳，阳中带阴”。太极图是一个循环无端的动态变化体系。

“一”、“二”和“三”虽是数学中的整数，在老子哲学里却用来指宇宙的构成。“道

① 老子：《道德经》，Arthur Waley译，外语教学与研究出版社1997年版，序言第9页。
② 老子：《道德经》，Arthur Waley译，外语教学与研究出版社1997年版，序言第11页。
③ 老子：《道德经》，Arthur Waley译，外语教学与研究出版社1997年版，第90页。

生一,一生二,二生三,三生万物”可以概括宇宙、生命、物质、能量、运动、结构等内容,可以揭示宇宙、生命、物质的起源。按照张岱年先生的看法,“‘道’在‘一’之先,‘一’是天地未分的总体,‘二’是已分的天地,‘三’是阴阳与冲气。”[①]简单地说,“道”指规律,“一”指整个宇宙的存在,是万物的原生态,除“道”之外最重要的便是“一”了。在39章中,老子写道:

> 昔之得一者:天得一以清,地得一以宁,神得一以灵,谷得一以盈,万物得一以生,侯王得一以为天下贞,其致之,一也。[②]

这里历数了“一”蕴涵的神秘而伟大的力量,在老子看来,宇宙是一个和谐的总体,是不可分的,而“一”具有整体性和不可分性,这个意义上,“一”即是“道”,即是宇宙的本原。另外,“是以圣人抱一为天下式”[③]中的“一”为“和”意,强调了“一”的整体性。

另一个在老子《道德经》反复提及的数字是“三”,“三生万物”里“三”指多,“一”代指宇宙本原,“三”则指宇宙万物创造的完成,有了“三”,这个五彩斑斓的大千世界才得以浮现,它是“道”的终极反映。在67章中,老子写道:

> 我有三宝,持而保之。一曰慈,二曰俭,三曰不敢为天下先。[④]

这里,老子将人生精妙的东西称为三宝,又说“不敢为天下先,故能成器长”,也就是人自身的德性达到了完满程度,所以能长久。这样,“三”也就象征了圆满和完美。老子还说:

---

① 张岱年:《中国古典哲学概论范畴要论 》,中国社会科学出版社1989年版,第25页。
② 老子:《道德经》,Arthur Waley译,外语教学与研究出版社1997年版,第82页。
③ 老子:《道德经》,Arthur Waley译,外语教学与研究出版社1997年版,第46页。
④ 老子:《道德经》,Arthur Waley译,外语教学与研究出版社1997年版,第142页。

故立天子，置三公，虽有拱璧以先驷马，不如坐进此道。(62章)①

“三公”中的“三”不是实指，而是指除王之外的权势人物，象征国家的强大力量。

总之，在《道德经》中，老子赋予了“三”神圣、崇高的蕴涵。

古代哲学家的数字哲学观还受到《易经》的巨大影响。根据易经，数字一至十可分为两类：阴数和阳数或者天数和地数，“一”、“三”、“五”、“七”、“九”为阳，“二”、“四”、“六”、“八”、“十”为阴，阴数和阳数蕴涵了不同的意义，反映了宇宙的对立统一。人和万物都是由于阴阳二气和水、火、木、金、土五行相互作用构成的。五行统一于阴阳，而阴阳统一于“一”。汉语中一至十的意象深受中国古代数字哲学观的影响，老子哲学尤为重要。

(二) 汉语数字的原型意象

“1”：在汉语中写作“一”或“壹”，最小的正整数，是数目的基始。它的最基本的数学含义为：“最小”、“起始”、“整数”、“不可分割”。在中国文化中，“一”是始，也是全；“一”最简单，又最复杂。“一”逐步产生万物，赋予万物以存在的灵魂。“一”具有“合一”、“统一”、“整体”、“全局”、“系统”、“有序”的意涵。

“2”：第二个整数，表数量二。《说文》里有“二，地之数也。从偶一”。“2”是最小的偶数。指阴阳、天地，阴阳交合化成万物，中国古代这种宇宙观和辩证法思想是以数字“2”为基础的，并借助“两”、“双”、“对”等概念形成了以对称为美的东方美学观念。另蕴涵“两样”、“异”、“不忠诚”、“改变”等意。

“3”：为“2”加“1”所得。据老子“三生万物”，“三”有“生发”、“生成”之意，并蕴涵潜在的强大威力，有了“三”，“万”物才显露蓬勃生机，因而也就象征着自然的始祖，有“尊贵”和“吉祥”之意。据《说文》释“三”曰：“三，天地人之道也。于文，一耦二为三，成数也。”中国古人将宇宙三分为天、地和人，“三”为“成”数，也就表圆满、多数。

① 老子：《道德经》，Arthur Waley译，外语教学与研究出版社1997年版，第82页、第130页。

"4":中国古人信奉天圆地方,认为圆的天和方的地之间的周径比例为3:4,因而"3"和"4"便成为天地和圆方的象征数。"4"反映了我国古代的宇宙观念,象征着平稳、周全、安定、昌盛等美好事物。[①]而现代人对"4"非常厌恶,因为它和"死"谐音。

"5":汉族人历来尚"五","五"是阳数,吉数。当人们分辨出东南西北四个方位时,同时产生了"中"的概念,因而被神化,如称古代皇帝为"九五之尊"。《说文》里释"五":"五行也。""五"象征意义的核心当属五行思想,五行理论是用金、木、水、火、土五种元素及其阴阳变化来描述宇宙的万事万物,这五种元素有相生相克的特性。

"6":表时空和谐的数,从空间来说,上、下、左、右、前、后为六合;从时间上说,《淮南子·时则》载:"六合,孟春与孟秋为合,仲春与仲秋为合,季春与季秋为合,孟夏与孟冬为合,仲夏与仲冬为合,季夏与季冬为合。"这是古人对一年12个月的粗略划分,反映了季节的交替变化。这样,"六"也就间接地成为继"五"之后的又一个循环变易的秩序象征数字。[②]"六"是10个自然数偶数的中间数,在《周易》中为阴爻,六爻成卦,意味着一个周期的完成。"六"历来被认为代表吉祥、完美,民间有"六六大顺"之说。

"7":由于月相存在着四七二十八天的变化,"七"便被赋予了神秘的死而复生的意义,有物极必反、周而复始的意味,所以既是凶的又是吉的。《周易·复卦》中有"反复其道,七日来复,利有攸往"之说,意思是"七日"是天道循环运行的周期数。中国历史上先秦的一些典籍在其记载中,"七日"往往都是一些大事的界限或极限,与时间、灾变、祸福、人命等大事有关,"七"在中国人的心目中是一个神秘的模式数字。在《皇帝内经》中还被用来指一个女子生命周期中各个阶段,从七岁描述到四十九岁,每七年为一个生命阶段,共有七个生理现象变化的阶段,可以说,女子是以"七"为生命基数,所以,"七"又与女性结缘。

"8":《说文》里释"八"为"别也,象分别相背之形"。"八"的象形又有"分别"、"分

① 张德鑫:《数里乾坤》,北京大学出版社1999年版,第165页。
② 叶舒宪,田大宪:《中国古代神秘数字》,社会科学文献出版社1998年版,第116页。

割”、“分开”、“分裂”、“分类”的意义。古人分辨出东、南、西、北四个方向后，又进一步将方向细分，有了东南、西南、东北、西北4个方位，形成8个方位。所以，“8”显示了人类的智慧。如图2-2所示。

图2-2　易经八卦图

通过八卦，人类人为地对物、人、德、方进行了划分，如表2-1所示。

表2-1　八卦象征图标[①]

太极	太极							
两仪	阳				阴			
四象	春		夏		秋		冬	
八卦	乾 ☰	兑 ☱	离 ☲	震 ☳	巽 ☴	坎 ☵	艮 ☶	坤 ☷
物	天	泽	火	雷	风	水	山	地
人	父	少女	中女	长男	长女	中男	少男	母
德	健	说	丽	动	入	陷	止	顺
方	西北	西	南	东	东南	北	东北	西南
阴阳	老阳	少阴	少阴	少阳	少阴	少阳	少阳	老阴

① 叶舒宪，田大宪：《中国古代神秘数字》，社会科学文献出版社1998年版，第174页。

推而广之，就有了对万事万物八分法，如“八风”、“八代”、“八元”、“八宝”、“八斗才”等。

“9”：为阳数之极，在中国古代男性掌权的社会里，代指皇帝，“九”为至高无上和神圣的皇权的象征。“九”为最大的个位数，表繁多、极多，也表事物及其程度的超常、非常、顶点、极度、极限等。[①]还有“全”、“重要”、“吉祥”等意。

“10”：是五个地数（偶数）中最大的一个数，又是最基本的整数，为地数之极。《史记·律书》指出：“数始于一，终于十。”《说文》也说“十，数之具也”。中国传统文化赋予它“完美”、“完全”、“完满”、“充实”、“终极”、“久远”等意。

简而化之，汉语一至十的原型意象可粗略归纳如表2-2所示。

表2-2 汉语一至十的原型意象

数字	原型意象
一	初始；统一
二	对立
三	天地人；生发
四	完全；平稳
五	吉祥；变化
六	吉祥，和谐
七	周期；极限
八	划分
九	多；极限
十	完满；久远

① 吴慧颖：《中国数文化》，岳麓书社1995年版，第99页。

二、毕达哥拉斯学派的数本说与英语数字的原型意象

(一)毕达哥拉斯学派的数本说及深远影响

1. 1—10的神秘意义

毕达哥拉斯学派赋予数各种神秘的意义,每个数都有自己的个性:

“1”:等同于阿波罗神、宙斯,它是宇宙的创造者。“1”是至高无上的实体,它本身不是数。“1”代表真理、存在、友人,“1”是不可分的个体,是宇宙中永恒的源泉。

“2”:称为Rhea(瑞亚,古希腊的母神)。因为这个神的名字类似希腊文动词“rhein”(意即“流动”),而物质总是在不断变化之中;“2”还表示罪恶。“2”是由“1”产生的,它本身又与“1”产生出第一个数“3”,因此,它也是数的创造者。“2”本身不是数,它是构成数的质料。

“3”:他们把“3”与阿波罗神的三脚架和希腊人总是用三杯奠酒敬神联系起来。“3”是由“2”产生的,是第一个数,它代表三维物体、三维空间,象征着宇宙。他们与“多”、“众”相联系,具有开始、中间和结束。

“4”:代表纯洁和深奥,象征着造物主或宇宙的创造者,代表组成宇宙的四种元素:水、火、土、气。他们把“4”看作是排成一个正方形的4个点,因而把“4”等同于正义。“4”具有完美的性质。

“5”:是中心数,表示婚姻,因为它是由一个雄性数“3”和一个雌性数“2”结合而成。

“6”:是第一个完全数,因为6=1+2+3,“6”和“5”都是循环数,“6”的幂总是产生以“6”为结尾的数,如$6^2=36$,$6^3=216$……

“7”:象征着圣洁的智慧女神雅典娜。她生于宙斯的头中,所以代表理性。

“8”:象征友谊,称为厄洛斯(Eros,希腊神话中的爱神)。有时也称为哈尔摩尼亚(Harmonia,希腊神话中战神Ares之女),象征着和谐与秩序。

“9”:称为俄克阿诺斯(Oceanus,希腊神话中的海神)。在个位数中“9”是数的

极限，它是数列重新开始的转折点。“9”也被称为普罗米修斯（Prometheus，希腊神话中的大力士）。“9”象征着正义，因为它的平方根是“3”，它的因数是“3”和“3”，是两个相等的数。

“10”：是最完美的数，是宇宙和谐的典范，表示宇宙的极限。

以上是毕达哥拉斯学派赋予的1—10的各种象征意义，这些意义带有强烈的神秘色彩，有些甚至牵强附会。在他们看来，数喻神，所以是神圣的、至高无上的。

2. 奇数和偶数

毕达哥拉斯学派认为数由奇数和偶数组成，世界万物都可分为这两类。亚里士多德对此评述：“……主张数的元素是偶数和奇数，而它们中的后者是限定的，前者是不限定的；‘1’贯串于这两者（因为它既是偶数，又是奇数），而数是从‘1’引出来的，还有，正如已经说过的，整个天就是数。”①因此，所有奇数象征着有限、雄性、直线、静止、秩序、光和善良，而所有偶数则象征着无限、雌性、弯曲、流动、无秩序、黑暗和邪恶。

3. 完数

毕达哥拉斯学派的完数是神秘意义上的完数，指等于它本身的约数相加之和，至今只发现23个完数，第一个完数是“6”（1+2+3），第二个是“28”（1+2+4+7+14）。“6”作为第一个完数得到了该学派的赞美：“6”为整个宇宙带来了和谐、完整和永恒，它使生灵健康，植物茂盛，使一切变得完美。”②“6”的特殊性还在于它包括了事物的开端、中间和终结，是一个完整的过程。

在以上神秘主义数论的基础上毕达哥拉斯学派形成了数本说的哲学观点，认为：“万物的本原是单子（mondad）或‘1’（unit）；由这个单子产生不定的‘2’（dyad or two），不定的‘2’是从属单子的质料，单子是原因；由单子和不定的‘2’产生出各种数目；由各种数目产生出点；由点产生出线；由线产生出平面图形；由平面图形产生

① [古希腊]亚里士多德：《形而上学》，李真译，上海人民出版社2005年版，第29页。

② Dudley U.:"Numerology Or What Pythagoras Wrought", The mathematical Association of America, 1997, p.23.

出立体图形；由立体图形产生出一切可感觉的物体，产生出可感物体的四种元素：水、火、土、空气；这些元素互相交换就完全变成另一些物体，他们的组合产生出有生命的、精神的、球形的世界。”①

可以看出，毕达哥拉斯学派认为数是万物的本原，而数的本原是“1”，而事物本身就是数，数是形成事物的形式因和质料因。

毕达哥拉斯学派对数的探索深刻影响着后世哲学家们对数的观点，如柏拉图、亚里士多德、罗素以及新柏拉图主义者。和该派认为“10”是最美好的数字不同，亚里士多德认为最完美的数是“4”，因为“4”代表着正义，它是第一个四元数字。亚里士多德的老师柏拉图接受了毕达哥拉斯的观点，认为数里蕴涵了解开自然奥秘的钥匙。②而针对奇数和偶数，则坚持“所有偶数都是凶兆”③。20世纪英国最负盛名的哲学家罗素对该学派的贡献给予了极高的评价：“……正是从上面那种意义的君子那里，我们才有了纯粹的数学。沉思的理想既能引人创造出纯粹的数学，所以就是一种有益的活动的根源；这一点就增加了它的威望，并使它在神学方面、伦理学方面和哲学方面获得了一种在其他情况下所不能享有的成功。”④

毕达哥拉斯学派及其后世哲学家们的数字哲学观对西方文化中的数字原型意象有巨大的影响。

（二）英语数字原型意象

据哈里斯（Harris A.）对《圣经》中数字的考察，1—10的象征意义简单概括如表2-3所示。

---

① 林夏水：《毕达哥拉斯学派的数本说》，载《自然辩证法研究》1989年版第5卷第6期，第48—58页。

② Schimmel A. & Endres F.C.: *The Mystery of Numbers*, New York, Oxford: Oxford University Press, 1993, p.16.

③ Schimmel A. & Endres F.C.: *The Mystery of Numbers*, New York, Oxford: Oxford University Press, 1993, p.13.

④ [英]罗素：《西方哲学史》，商务印书馆1976年版，第105页。

表2-3 《圣经》中的1—10的意象(Harris A.)[①]

Number 数字	Symbolic meaning 象征意义
One	Beginning 开始
Two	Witness, separation 见证,分离
Three	The Godhead 神性
Four	Earth, creation, world 大地,创造,世界
Five	Grace, cross, atonement, life 慈悲,十字,赎罪,生命
Six	Man, beast, Satan 人,兽,撒旦
Seven	Perfection, completeness 完美,完整
Eight	New beginning 新的开始
Nine	Completeness, finality, fullness 完整,终结,完满
Ten	Law, government, restoration 法律,政府,还原

安玛丽·史迈尔和弗朗西斯·卡尔·安德鲁在《神秘的数字》中考察了西方文化中1—10的数字象征意义,如表2-4所示。

表2-4 1—10的象征意义(Annemarie Schimmel,Franz Carl Endres)[②]

Number数字	Symbolic meaning 象征意义
One	The primordial Being 本原
Two	Polarity and division 对立与分离
Three	The embracing synthesis 无所不包
Four	The number of material order 物质顺序
Five	The number of life and love 生命和爱

① Harris A.:*Symbolic Meaning of selected numbers,* 2001.Retrieved on Feb. 15, 2009 at http://www.vic.australis.com.au/hazz/Numbers.html

② Schimmel A. & Endres F.C.: *The Mystery of Numbers*, New York: Oxford University Press, 1994, pp.41-180.

续表 2-4

Number 数字	Symbolic meaning 象征意义
Six	The perfect number of the Created world 创生世界的完美数字
Seven	The pillars of wisdom 智慧
Eight	The auspicious number 吉数
Nine	The magnified sacred 神圣
Ten	Completeness and perfection 完整，完美

以上象征意义源于“one”至“ten”的数字原型意象，它们基于西方最基本的文化经验，是最先凸显于人们头脑中的感知意象，并作为认知参照点长期储存于大脑中，并反复显现。这些意象居于数字范畴的核心，是1—10所有数字意象中的典型成员。下面做详细说明：

“one”：表“统一”、“首要”、“最初”、“最好”和“唯一”。“one”没有约数和因数，具有普遍性、整体性。它独立于其他一切数字，是一切数的来源，在这个意义上，“one”象征着上帝，即初始和终结、原始驱动力、创造之源。“one”常代表上帝、象征其至高无上的统治、万能、崇高地位和独特的性情。没有一个数字像“one”那样是和谐与矛盾的统一体。

“two”：是统一体加上另一个，所以在“one”和“另一个”之间存在着差异和对照的关系，“two”用来指划分和不同。《圣经》中第一次出现“two”即是用于划分，太阳和月亮是划分白昼和夜晚的标志。

“three”：是第一个几何数字，两条直线不可能形成一个平面图形。平面图形需要三条线，而立体图形则需要三个面。三角形是最简单的平面图形，而立方体是最简单的三维实体。因而“three”代表实体的固态性、实在性、物质性、完整性和整体性。“three”还意味着神圣的完满，象征着圣父、圣婴和圣灵的三位一体。

“four”：为“3 加 1”，在上帝显现了三位一体之后，接下来就是创生，所以，“four”代表创生，指所有创造之物。因而“four”是创造之物的开始，指物质世界和物质的完整性。“four”是表世界的数字。

“five”：为“4加1”，《圣经》里上帝创造出世界万物之后，人类就开始了赎罪和被救赎的过程，于是就有了圣父、圣婴、圣灵、创世和救赎五大谜，由此“five”代表了慈悲，也象征着人类的弱点、无助和虚荣。“five”是生命和爱的象征。

“six”：为“4加2”，代表人类世界，“six”是不完美的，是人的数字。创世的第六天上帝创造了人，第七日便歇息了，所以“six”也象征劳作，由于人类是上帝的创造，对于世俗的人来说，“six”是完美的。

“seven”：为神圣的数字，极富宗教色彩。上帝用六天创造了世界，第七日休息，“seven”具整体性和完美性，无法去除一个或增加一个，恰到好处。

“eight”：古希伯来文中数字“eight”意为“多余的富饶”，因为“seven”表达完成和休息，“eight”则是新顺序的开始，新纪元的开端。“7加1”代表复活、复兴。《圣经》中讲到，当洪水卷走一切后，只有8个人在方舟中逃过一劫，获得重生。

“nine”：在许多方面都是极为显赫的数字，在数学领域中“9”具有其他数字所不具备的性质和能力，如含9的倍数的数字之和等于9的倍数：

2×9=18（1+8=9）

3×9=27（2+7=9）

4×9=36（3+6=9）

5×9=45（4+5=9）

……

大的数字也一样：52843×9 = 475587（4+7+5+5+8+7=36，3+6=9）

“9”是计数系统中最后一个个位数，标志着终点，因此代表结论或事情的终结，也代表全和满。它和“6”关系密切，“9”的因数是“3”，其因数之和等于6(3+3=6)。所以“9”代表最终的结局，最终的判决。

“ten”：4个完数中（3，7，10，12），“10”是自然界的人所能接近的最完美的数字。“10”指顺序的完整性，不多也不少，也意指循环的完成，所有事物各归其所。因此，“ten”代表神圣秩序的完美性。

三、英汉数字原型意象的共性

前文以中西不同的哲学体系为切入点，系统考察了英汉数字在中西文化中的原型意象，发现二者有以下共通点。

（一）数范畴的延展

英汉数字1—10的原型意象均可从其纯数学意义上的含义得到解释。这些数字的整数性和顺序性延展为其他认知域的概念，如循环、周期、排序、整体性、分类、奇偶、阴阳等等。如英汉中的“1”都有“统一”、“初始”、“本原”的意义；“2”都有“对照”、“变化”之意；“3”、“9”、“10”都表“圆满”、“完美”；再如分类，中国传统上把事物分为阴阳两类，并推类到无穷。西方的毕达哥拉斯学派认为偶数是可分解的，从而也是容易消失的、阴性的、属于地上的；而奇数则是不可分解的、阳性的、属于天上的，根据这一原理他们把万物分为十组对比项。再如排序，在实际应用中，排序也总是意味着一个封闭的领域，如中国的阴阳交替，昼夜更替，四季变化，进而到农耕的周期，人的生老病死，传递的是排序、更替、变化、相似、周期、重复等信息，所以中国古人有“年年岁岁花相似，岁岁年年人不同”的人生感叹。这样，由数思维就推演出一系列概念，如比较、等价、异同、分配、模拟、补益、推类等等。

这些现象的原因主要基于人类相同的数范畴。现代认知神经科学的研究已经证明，数学认知过程所需要的神经网络在个体发育早期已经建立，脑成像的研究也已经证实一个参与数学运算加工的神经网络，包括顶叶皮质、侧前额叶皮质、内前额叶皮质和小脑。这表明，人类具有朴素的数学天资，这种天资作为一种进化性适应，是人类的一种普遍能力，很自然，从数范畴延展而来的数字原型意象有共通之处。

这些数字的原型意象是它们的数字本体特征被运用到文化语境中的结果，从而成为衡量其他事物的参照。在漫长的人类历史进程中，人本身使这一过程得以实现，在这个意义上，毕达哥拉斯说：“人是万物的尺度。”

（二）数字哲学观

中西方都将数字的非数字意义上升到哲学高度，把世界的本原归结为数，无论老子道家学派哲学，还是毕达哥拉斯的数本说，都认为数和事物密不可分，数是宇宙万物的本质，人与自然的种种关系均可由数表达，这样，有了数，人类生存的基本问题可迎刃而解，因而，数字被人为地赋予了各种或凶或吉、或多或少、或美或丑、或理性或感性的联想。

（三）数字的神秘性

1—10在英语和汉语中的原型意象均富有神秘色彩，汉语中与数有关的吉凶观念（如“3”、“5”、“6”、“9”、“10”为吉，“7”为凶）使数字变得虔敬化，而阴阳、五行和八卦变幻莫测，非常人所能把握，这些数字被宇宙论化，从而神圣化；而英语中的数字也具有相当繁复的神秘内涵，许多数字因与不同的神有关而变得神圣、至高无上，而数字被赋予了浓郁的宗教意味，“3”、“4”、“8”、“9”常用为神秘数字，以“9”为例，希腊神话中有“九女神”，“恶魔有九”等；地狱有“九条恶虫”；耶稣死后，九次现身于门，古典及中世纪文学里，还有“九地”、“九天”、“九天球”和地狱的“九河”等等。从本质上说，数字的神秘性是一种数字崇拜，是一种文化现象。

（四）数字的模式化

美国人类学家查·威尼克（Charles Winick）主编的国际上较权威的《人类学词典》这样解释模式数字：“一种在特定文化中经常出现于不同场合的数字。”[①]我国著名人类学家芮逸夫先生主编的《云五社会科学大辞典·人类学》中对其释之较详：“‘模式数字’又称巫术数目（magic number）或神秘数目（mysterious number），是指习惯上或格调上一再重复，用来代表仪礼、歌谣或舞蹈模式的数字。也用来指兄弟、姐妹、或动物类型传统上所具有的数字，或用来代表故事重复出现的行为

① Winick C.:*Dictionary of Anthropology*. NJ: Totowa, 1984, p.228.

的数字。"①

从以上解释可以看出,数字之所以"模式化",是因为它们作为某种仪式的替代,被一再重复,被人为地赋予了各种神秘含义,这些数字最初在仪式中所代表的意义已经被忘却,而各种神秘的意蕴被沉积而保留下来。

在英语和汉语中都存在模式数字,如英语中的"three"、"seven"、"nine",汉语的"三"、"五"、"六"、"七"、"九"等。"九"在中华民族传统文化中被赋予了深刻的含义,人们崇"九"、尚"九",认为"九"为极限,地位崇高,从天地山川、制度物品,以至抽象的事物,凡数量比较多的,大多可以加上这个数字,如"九天"、"九地"、"九城"、"九仗"、"九阁"、"九族"、"九品"、"九卿"、"九经"、"九歌"、"九死"等等。英语中,"three"被认为是一个幸运数字。在希腊神话中总共有"三种命运"、"三种愤怒"或"三种幸运";民间传说中有"三兄弟"、"三个心愿"、"三个神秘物";笑话中也通常有"三个主角";古代西方文化将世界看作是大地、海洋、天空三者合成一体;时间有过去、现在、将来;一天有早晨、中午和晚上;人体有肉体、心灵与精神;基督教中有三大美德:忠诚、希望、仁爱等。直至今日,人们在生日时还喜欢许三个愿望;写文章喜欢用三个段落完成。

① 芮逸夫:《云五社会科学大辞典·人类学》,台湾商务印书馆1971年版,第276页。

第三节　小　　结

本章从原型理论的视角讨论了英汉两种语言中1—10的原型意象。表2-5是英汉数字原型意象的比较。

表2-5　英汉数字原型意象比较

数字	原型意象	
	汉	英
1	初始;统一	The primordial Being 本原
2	对立	Polarity and division 对立与分离
3	天地人;生发	the embracing synthesis 无所不包
4	完全;平稳	The number of material order 物质顺序
5	吉祥;变化	The number of life and love 生命和爱
6	吉祥;和谐	The perfect number of the Created world 创生世界的完美数字
7	周期;极限	The pillars of wisdom 智慧
8	完整;划分	The auspicious number 吉数
9	多;极限	The magnified sacred 神圣
10	完满;久远	Completeness and perfection 完整,完美

考察发现，英汉数字原型意象存在诸多共性，有些意象惊人的相似，如“1”都有哲学意义上的“本原”、“统一”之意象；“2”表“对立”；“3”、“5”、“9”表“吉祥”等。这些英汉数字的原型意象均来自数范畴的数字本体特征，并具哲学意义，而且这些数字的意象有神秘性和模式化的特点。

英汉数字原型意象是民族各自共同的记忆，在他们潜意识里或多或少影响着人们对某些事物的看法，甚至规约着人们的言行。这些原型意象有着元符码的功能，是英汉数字引起的种种联想的基础。和数字本体相比，它具有其他认知域的特征，但又来自数字本体，是两个认知域之间的跨越，是一种概念隐喻，即数字原型意象是通过人类的隐喻思维产生的，是联想、类比的结果。前苏联学者B•H•托波罗夫在讨论神奇的数字时指出：“数字不失为特定的‘代码’成分；借助于这种‘代码’，世界、人以及隐喻描述体系本身得以呈现。”①

① B•H•托波罗夫：《神奇的“数字”》，魏哲译，载《民间文学论坛》1985年版第4期。

第三章

英汉数字隐喻的共性与差异

——文化认知

英语和汉语都存在数字隐喻现象，但是，在历史的发展进程中，由于受到各自文化中的语言、宗教、神话传说、生活习俗和民族性格等方面的影响而导致某些差异。考维塞斯指出："两种语言（或方言）可能有相同的概念隐喻，但是由于受不同文化的影响，概念隐喻的表达有所不同。这意味着隐喻受认知和文化两种力量的制约。"[1]本章将从文化认知的角度考察英汉数字隐喻的共性和差异。

① Kövecses Z.:*Metaphor in Culture: Universality and Variation*, Cambridge: Cambridge University Press, 2005, p.161.

第一节　英汉数字隐喻的共性

隐喻不仅仅是一种语言现象，它更重要的是一种人类认知现象，莱考夫和约翰逊认为"隐喻的实质就是通过另一类事物来理解和体验某一类事物"①，那么，数字隐喻就是通过数字来理解和体验其他事物，相同的数范畴为人类其他认知范畴提供了来源域，在各种语言中普遍存在的数的计量功能会映射到不同的目标域。下面将以数字"1"和"3"为例，探讨英汉数字隐喻的共性。

一、个案研究

（一）汉语的"一"和英语的"one"

汉语中"1"是最常用的数字，据1986年北京语言文化大学出版的《现代汉语频率词典》的统计，词频最高的前5个汉字分别是"的"、"了"、"是"、"一"、"不"。"一"位居第四，频率为1.5727%。在《现代汉语词典》含数字的词和词组中，含"一"的词条也最多，含"一"至"九"的词条数排序为："一"、"三"、"五"、"二"、"四"、"八"、

① Lakoff G. & Johnson M.:*Metaphors we live by*, University of Chicago Press, 1980, p.5.

"九"、"七"、"六"。[①]"one"在英语中的使用率也很高，在《圣经·旧约》中，"one"到"ten"按出现频率依次为："one"、" two"、"three"、"seven"、"five"、"four"、"ten"、"six"、"eight"、"nine"。通过对英汉两种语言中数字"1"的隐喻的考察，发现有以下相同或相似的地方：

A. "1是本原"(One is the primordial Being)

(1)"神何由降？明何由出？""圣由所生，王有所成，皆原于一。"(《庄子·天下篇》)

(2)一，初太始，道立于一，造分天地，化成万物。(老子《道德经》)

(3)泰初有无，无有无名，一之所起，有一二未形，物得以生，谓之德。(《庄子·天地》)

(4)道者，一立二万物生矣，是故一之理，施四海；一之解，际天地。(《淮南子·原道训》)

(5)The evil One is Devil.

罪恶的根源是撒旦。

(6)The reason for this maybe because God was increasingly called "the Holy One ".

其中原因可能是上帝被称为"神圣的源泉"。

(7)Fear not, you worm Jacob, and you men of Israel; I will help you, said the LORD, and you redeemer, the Holy One of Israel.

你这虫雅各，和你们以色列人，不要害怕。耶和华说，我必帮助你。你的救赎主，就是以色列的圣者。(《旧约·以赛亚书》)

(8)Therefore said the LORD, the LORD of hosts, the Mighty One of Israel: Ah, I will pour out my wrath on my enemies, and avenge myself on my foes!

因此，主万军之耶和华以色列的大能者说："哎！我要向我的对头雪恨，向我的敌人报仇。"(《旧约·以赛亚书》)

① 陈运香：《汉英数字文化内涵对比研究》，上海交通大学2006年博士论文。

B. “1是统一、联合”（One is identical and united）

（9）六王毕，四海一。（杜牧《阿房宫赋》）

（10）贾母这里命将围屏撤去，两席并而为一。（《红楼梦》）

（11）必是鲍二的女人伏侍不到了。人多嘴杂，纷纷不一。（《红楼梦》）

（12）外边李贵等几个大仆人听见里边作起反来，忙都进来一并喝住。问是何原故，众声不一。（《红楼梦》）

（13）The two things are one and the same.

两件东西合二为一，是相同的。

（14）After the union meeting the workers were all of one mind.

工会开过会后，工人们都心齐了。

（15）The pupils replied in one voice.

小学生们异口同声地回答。

（16）She's president, secretary and treasurer all in one.

她身兼总裁、秘书和会计。

C. “1是专一”（One is the only necessary and desirable）

（17）蚯无爪牙之利，筋骨之强，上食埃土，下饮黄泉，用心一也。（《荀子·劝学》）

（18）不一则不专，不专则不能。（苏轼《应制举上两制书》）

（19）一其心志，洁其气体，以与神明交，未尝不饮酒不茹荤也。（周密《齐东野语·斋不茹荤必变食》）

（20）不一则不专，不专则不能。（苏轼《应制举上两制书》）

（21）Hear, O Israel, the LORD our God, the LORD is One

以色列阿，你要听。主我们神，是独一的主。（《圣经·新约·马可福音》）

（22）In that day shall there be one LORD, and his name one.

那日耶和华必为独一无二的。他的名也是独一无二的。（《圣经·旧约·撒迦利亚书》）

（23）pray to the Holy One（ie. God）for forgiveness

祈求上帝宽恕

（24）The courtyard of the palace was its one pleasant feature.

庭院是那座宫殿唯一使人赏心悦目的地方。

D. “1是全、满”（One is fully or completely）

（25）一国之人皆若狂，赐（子贡）未知其乐也。（《礼记·杂记下》）

（26）他又说：既舍不得他，只怕他的病一生也不能好的了。若要好时，除非从此以后总不许见哭声，除父母之外，凡有外姓亲友之人，一概不见，方可平安了此一世。（《红楼梦》）

（27）袭人笑道：“这是那里话，读书是极好的事，不然就潦倒一辈子。”（《红楼梦》）

（28）在政治历史上，陈景润一身洁白。他白的像一只仙鹤，鹤羽上，污点沾不上去。而鹤顶鲜红；两眼也是鲜红的，这大约是他熬夜熬出来的。

（29）The bride was welcomed by the family, one and all.

新娘受到全家所有人的欢迎。

（30）My countrymen, one and all, think calmly and well upon this whole subject.

我的同乡冷静地想过后都赞同这个题目。

（31）...and you destroy the prosperity and onward march of the whole and every part and involve all in one common ruin.

而你破坏了整个事情的繁荣和前进的步伐，把一切都毁掉了。

（32）Have I explained that properly one and all？

全部解释清楚了吗？

E. “1是相同、一样”（One is the same or identical）

（33）先圣后圣，其揆一也。（《孟子·离娄下》）

(34)首先要弄清楚哥伦布到达美洲时,有多少印第安人?各家说法不一。(周而复《印第安人》)

(35)内宴初秋入二更,殿前灯火一天明。(王建《宫词》)

(36)一家惊喜,听闻与外。(蒋防《霍小玉传》)

(37)They were at one with each other.

他们曾经相处很和谐。

(38)He didn't know water and H_2O are one.

他不知道水和H_2O是同一个东西。

(39)They all went off in one direction.

他们都朝同一个方向走了。

(40)I'm one with you on this.

在这一点上,我和你的意见是一致的。

上述实例中可以看出,英汉中数字"1"的隐喻极为相似,据第二章的讨论,英汉数字"1"的原型意象极为相似,为"本原,神圣",以此原型意象为核心,"1"又扩展出其他隐喻意义:统一、相同、全、专一。

(二)汉语的"三"和英语的"three"

数字"3"在东西方受到了特别的喜爱,英语和汉语中的数字"3"的隐喻意义有很多共性。

A. "3是多"(Three is many)

(41)禹稷当平时,三过其门而不入,孔子贤之。(《孟子·离娄下》)

(42)其存君与国而欲反覆之,一篇之中三致志焉。(《史记·屈原贾生列传》)

(43)阿母性慈爱,爱汝如珍珠,一日三摩抄,未当离须臾。(黄遵宪《送女弟》)

(44)You have drunk three cups of coffee.

你已经喝了三杯咖啡了。(言多)

(45)We won three matches in succession.

我们接连胜了三场比赛。(言多)

(46)"If I had a wish, I'd wish for three more wishes."

"如果我有一个愿望,我就想再要三个愿望。"(言多)

B. "3是神圣、尊贵、吉祥"(Three is divine and lucky)

(47)大荒之中,由山名曰大荒之山,日月所入,有人焉三面、是之子,三面一臂,三面之人不死,是谓大荒野。(《山海经·大荒西经》)

(48)三国首,在其东,其为人一身三首。(《山海经·海外南经》)

(49)从水出于其上,潜于其下,其中多三足全月丸尾,食之无虫疫。(《山海经·中山经》)

(50)待点到阴维脉的一十四穴,手法又自不同,只见他龙行虎步,神威凛凛,虽然身披袈裟,但在郭靖眼中看来,哪里是个皈依三宝的僧人,真是一位君临万民的皇帝。

(51)The third time is the claim.

第三次准灵。

(52)Her wedding cake had three tiers.

她的结婚蛋糕有三层。

(53)Three cheers for my Queen!

为女王欢呼!

(54)Now three cheers for our competition winner! "Hip, hip!" "Hip, hip!" "Hurry!" "Hip, hip!" "Hurry!"

现在让我们为比赛的胜者加油!"加油! 加油!""加油!""加油!""加油!"

C. "3是少"(Three is few)

(55)她越想越伤感,忍不住迸出了两三滴眼泪。

(56)明明见它们进去了,拉了绳,跑去一看,却什么都没有,费了半天力,捉住的不过三四只。

(57)下班族的季节似乎已经过去，汹涌的自行车大军消失了，只有三三两两的散兵游勇急匆匆地往家赶。

(58)The audience trickled into the theater in twos and threes.

观众三三两两陆续走进剧院。

(59)He will leave here in three or four days.

他要在这儿待上三四天。

(60)He lives three doors off.

他住在离这儿三家店铺的地方。

在以上例句中，来源域为人们对数字"3"性质的基本经验，表面上看，"three cups of coffee"、"three more wishes"、"三过其门"、"三致志焉"等中的"三(three)"是表实数，但在从"3"到"多"的跨域映射中，"三"的其他数字含义，如次序、奇偶性、比较、分类等具体性质退居其次，而表数量的性质被凸显成为核心意义，从而完成"三是多"、"三为满"的隐喻映射的相似性对应。

二、英语和汉语基本数字隐喻的共性

英语和汉语中，基本数字隐喻的共性如表3-1所示。

表3-1　英汉数字隐喻的共性

数字	英汉相似隐喻意义
1	本原；统一；专一；相同；专一
2	对立；分离
3	多，满；神圣；少
4	完整
5	神圣
6	完美
7	神圣
8	吉祥
9	神圣；极限
10	完满；美好

据第二章对英汉数字原型意象的考察，发现二者之间有很多共同性。英汉数字隐喻也表现出共通性，即数字的神秘性和哲学蕴含，而且为数范畴的延展。

英汉数字隐喻的相似性来自于人类数字认知的共性。人类学家告诉我们，在"三"以上的数概念尚未建立起来的漫长史前时代中，就连"1"、"2"、"3"这三个最简单的数也还要借助于具体的实物来表示。L•霍格本说："样子和我们相同的最早的人类，生活在大约25 000千年以前。'你要得到我的一头鹿，就得拿三个矛头来换。'"①他们可以借助于自己的双手这样说——一个手指着那只鹿，三个手指指着那些矛头。这种最原始的一个手指代表一件东西，三个手指代表三件东西的计数方法，就是他们所懂得的唯一算术了。长达几千年里，这些人们只能把任何比"3"大的量看成'一堆'或'一群'。这也说明早期的数概念不是纯抽象的，而是附属于计数实物的。具体的事物总在抽象的东西之先。罗素说："不知道要过多少年，人类才发现一对锦鸡和两天同是数字'2'的例子。"②T•丹齐克认为早期的数概念具有极端具体性。以不列颠哥伦比亚的辛姆珊(Thimshian)族的语言为例，这种语言共有七种不同的数字：一种用于走兽和扁平的物体；一种用于时间和圆型物体；一种是用来数人的；一种是用于树木和长形物体的；一种是用于小艇的；一种是用来测量的；还有一种是在没有特定对象时计数用的。③

正是计数，才使具体的、不同质的表达多寡的概念结合为统一的、抽象的数概念。而这种统一的数概念又延伸到其他认知领域，产生了超越数字性质的数字隐喻意义，即：

实物计数→抽象数概念→隐喻意义

三、英汉数字隐喻共性的认知理据

(一) 意象图式

为更清晰地解释英汉数字隐喻共性的认知理据，必须引入认知语言学中一个

① [英]L•霍格本：《数学的奇观》，陕西科技出版社1980年版，第23页。
② [美]托比亚斯•丹齐克：《数，科学的语言》，商务印书馆1985年版，第4页。
③ [美]托比亚斯•丹齐克：《数，科学的语言》，商务印书馆1985年版，第4页。

极其重要的概念——意象图式，它是认知语言学为描写语义结构而提出的假设。

约翰逊和莱考夫认为意象图式是建立在身体经验基础上所形成的基本认知结构，对于意象图式的理解侧重于身体与外部世界环境的互动关系。为了适应环境，并且认识和把握客观世界，我们的感觉、知觉、行为会建立起一定的模式，这些反复出现的模式、程式就形成了意象图式的基础。[①]其中，身体的空间运动模式、操纵物体的经验等感知模式，是最基本的意象图式。图像图式实际上就是我们的经验活动中重复再现的模式和规律性的东西，它是组织我们的经验和理解的结构。图像图式具有内部结构和格式塔（gestalt）的特征，是我们获得意义的重要手段之一。

意象图式是认知语言学中最重要的概念之一。意象图式是一种抽象结构，它来源于人体在外部空间世界中的活动，具有体验性；它是许多具有一些共同特点的活动的“骨架”；它是头脑中抽象的、看不见摸不着的表征；它在人类的活动中是不断再现的；它被用来组织人类的经验，把看似无关的经验联系起来；它产生于人类的具体经验，但由于人类可以把它映射到抽象概念中去，因此它可以被用来组织人类的抽象概念。[②]

人们可以从自身的经验中抽象出多种意象图式，常用的有部分—整体图式（THE PART-WHOLE Schema）、连接图式（THE LINK Schema）、中心—边缘图式（THE ENTER-PERIPHERY Schema）、起点—路径—目标图式（THE SOURCE-PATH-GOAL Schema）、上—下图式（THE UP-DOWN Schema）、前—后图式（THE FRONT-BACK Schema）、线性图式（THE LINEAR ORDER Schema）、容器图式（THE CONTAINER Schema）、方向图式（THE DIRECTION Schema）、平衡图式（THE BALANCE Schema），等等。[③]

由于意象图式的体验性和逻辑性，我们认为某些意象图式能够解释英汉数字隐喻的共性。

---

① Johnson M. :*Body in the mind,* Chicago and London: The University of Chicago Press, 1987.
② 李福印:《意象图式理论》，载《四川外语学院学报》2007年版第1期。
③ Lakoff G. : *Women, fire, and dangerous things*, Chicago and London: The University of Chicago Press, 1987.

(二) 意象图式对英汉数字隐喻共性的解释

西方传统观点认为数学的基础是系统的理论和逻辑，莱考夫在《女人、火和危险事物：范畴揭示了什么奥秘》中挑战了这一观点，他从认知的角度论述了数学，认为数学是一种认知活动，他引述了美国著名数学家桑德斯·麦克兰恩（Saunders Mac Lane）的观点："数学产生于人类的经验，并建立在人类理解的基础上。"[1]高度形式化的数学产生于人类的各种经验，如计算、测量、证明、问题解决、分组等等，这些人类活动都有一个一般的图式结构。那么，与数学相关的概念都有其对应的意象图式。如：

实体性——ENTITY（实体图式）

对应性——LINK（连接图式）

连续性——PATH（OF MOTION）（路径图式，移动）

顺序性——DIRECTION（方向）

因素（或分解）——PART-WHOLE, SEPARATION（部分—整体，分离图式）

数量相等——BALANCE（平衡图式）

分类——CONTAINER（容器图式）

这些数学概念（术语）来自许多人长期仔细的观察和体悟，对一件平常的现象得出一致的理解，然后将其转化成数学术语。数学是产生于人类日常经验的结构，是一种纯形式，它又用来理解其他经验。[2]那么，意象图式就是数字隐喻的工作机制。但是，莱考夫并未列举具体语言实例来说明。这里，我们尝试用以上意象图式中的平衡图式、起点—路径—目标图式来解释英汉数字隐喻共性的工作机制。

① Lakoff G.: *Women, fire, and dangerous things,* Chicago and London: The University of Chicago Press, 1987, p.362.

② Lakoff G.: *Women, fire, and dangerous things,* Chicago and London: The University of Chicago Press, 1987, p.364.

1. “完美是数、整体是数、极限是数”与部分—整体图式(PART-WHOLE)

部分—整体图式来源于身体经验，人体是一个由部分构成的整体。健康的人都能意识到自己身体的完整性及身体各部分构件的状况，并能操纵这些部件。它表达子集之间的关系和部分。其生理基础为：人本身以及其他物体是由部分组成的整体；构成要素为：整体、部分、构造；基本逻辑是：此图式是不对称的，如果A是B的部分，那么B就不是A的部分，它是不自反的，如“苹果在树上”成立，而“树在苹果上”就不合逻辑；“汽车缺少配件”成立，“零件缺少汽车”就不成立。而且不存在有整体无部分的情况，但是即便所有的部分都存在，也不意味着就构成了整体。如即便是所有汽车零件都在，也不一定是一个完整的汽车。只有部分存在，整体才存在，照这样推理，如果部分遭到破坏，整体也会被破坏。

这一图式可以解释英汉中都存在的满数，如“3”、“4”、“6”、“9”、“10”。如“10”表示“完满、完美”，是因为“10”被看作一个整体，它包括所有部分之和，是完整无缺的。有整体存在，就有部分存在，所以，“10”表示“完整”的同时，也暗含着事物本身有一个既定结构，有“部分”和“不完整”。再如“1”隐喻为“统一”，是因为“1”是一个整体，把所有部分归为一个整体即为“统一”。另外，“极限”的概念也可从部分和整体的关系得出。又因部分和整体可以分离，所以可解释“2”的对立性和“分离”隐喻。实例如下：

(61)十全十美的作品哪里会有，即使是名家手笔，要挑毛病总是有的。(完满)

(62)他的政敌在报纸上把他说得简直十恶不赦。(极限)

(63)只见秋菊半日拿上一银注子酒来，妇人才待斟在钟上，摸了摸，冰凉的，就照着秋菊脸上只一泼，泼了一头一脸。(全，满)

(64)行兵之道，天地之宝，九天九地，各有表里。九天之上，六甲子也，九地之下，六癸酉也。子能顺之，方可保全。(《后汉书·皇甫嵩传》)(极限)

(65)另一主持阮子健即说：“三姑的节目是一张嘴巴、两件蛋散(香港俚语，指没用的人)、四面受敌，但八面威风。”(全部，整体)

(66)如果你选择了这一条路，那就平心静气地走下去，因为三心二意是无法成就一个过程的，当回头整理自己走过的路的时候，也会发现那是一段凌乱且不完整的岁月。(另外，不同)

(67)His wife knew that he was two-timing her but she didn't say a thing.

妻子虽然知道有外遇，却忍气吞声。(分离，另外)

(68)The good book, if we are to believe it, says we are entitled to three score years and ten.

如果我们相信的话，《圣经》上说，我们都有资格活到七十岁。(极限)

(69)Good King of cats, nothing but one of your nine lives; that I mean to make bold withal, and, as you shall use me hereafter, dry-beat the rest of the eight.

好猫精，听说你有九条性命，我只要取你一条，留下那另外八条，等以后再跟你算账。(莎士比亚《罗密欧与朱丽叶》)(满，多)

(70)During the war my family was scattered to the four winds.

战争年间，我们一家人被迫流落四方。(全部，处处)

(71)Could I come near your beauty with my nails, I would set my ten commandments in your face.

要是我能挨近你这美人的身边，我定要左右开弓，打你两巴掌。(满，全)

2. "相同，一样"与平衡图式(BALANCE)

平衡图式的生理基础是：平衡就是物体的对称性，如形状、大小、位置等；人身体的器官是对称的、平衡的，如重量和力；其构成要素是：支点和杠杆的两边；基本逻辑为：①对称性：A和B平衡，那么B和A也平衡，且只能A和B平衡。②等价关系的传递性：如果A和B平衡，且B和C平衡，那么，A和C也平衡。它们之间的等价关系以支点为中心传递。③自反性：A和A本身平衡。如图3-1、图3-2所示。

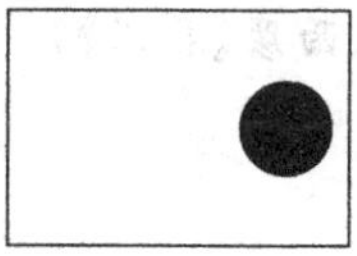

图 3-1　不平衡

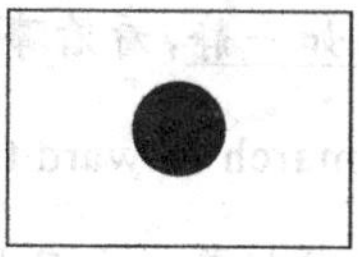

图 3-2　平衡

从两图中可以直观地看出:图 3-1 展示了物体的不平衡性,图 3-2 则为平衡性。

数量的相等来自于人类的平衡经验,如周围物体的对称性(山体、树叶),人体可以站立、行走,而婴儿从会爬到摇摇晃晃地站立,有时会跌倒,他爬起来再走,再跌,再试,直到新的世界展现在他们的面前——平衡的、直立的世界。我们的身体器官也是一个动态平衡(homeostasis)的系统。我们还从身体失去平衡的角度理解平衡,如吃得过饱,手脚太冷,口太干,憋尿难受,都是整个身体系统失去了生理平衡造成的。无论物体还是人体的平衡,都体现了一种重量和力的平衡性,平衡和失衡是重量和力量的平衡和失衡。日常生活中的平衡经验映射到数学领域,数量相等被看作是一种平衡,支点两边数量等同。如果我左手里拿 2 公斤的苹果,那么为保持平衡,右手也必须有 2 公斤的苹果(或其他东西)。这边添加 1 公斤,那边也得添加 1 公斤,才能继续保持平衡。物体映射到数量(实体),物体的重量映射数量的价值,重量多余的一边映射数量上的多余,杠杆的支点就是等式的等号。

英汉中的数字"1"有"相同,一样"的隐喻意,可以通过平衡图式解释为数量相等或价值相当。前文所列实例可以此理解释,又如下面的数字熟语的隐喻意:

(72)刚要寻别的妹妹去,忽见前面一双玉色蝴蝶,大如团扇,一上一下迎风翩千,十分有趣。(《红楼梦》)

(73)陈正公见他如此至诚,一心一意要把银子借与他。(吴敬梓《儒林外史》)

(74)鹏振叹了口气道:"十年河东,十年河西,哪个保管得了那些? 我这事就托重你了。"(张恨水《金粉世家》)

(75)她无休止地踢腿,韧带一张一弛,又轻松又快乐,不由要回过脸去瞅他。

（76）一动不如一静，看看事态的发展再说。（王西彦《春寒》）

（77）We all march forward to one objective.

我们大家朝着一个目标前进。

（78）One and the same idea occurred to each of them.

他们都产生了同样的想法。

（79）We are of one age.

我们是同时代的人。

（80）It's six of one and half a dozen of the other, so far as being on the square goes.

说到诚实公正，两个人都差不多。

（81）The apples weigh six jin. Let's take them fifty-fifty.

这些苹果有6斤重，我们对半分吧。

上例中的“一”和“one”已失去其纯数字意义，引申出“相同，相等”之意。由于数量或价值相同，所以是平衡的、对称的；三个汉语数字熟语的隐喻意也反映出数量上的相等，支点两边分别是“一上”和“一下”、“十年河东”和“十年河西”，两边的数量完全相同，显示出两种实体的对称性，“一上一下”意思是上下交替跳动，“十年河东，十年河西”指世事盛衰会发生轮转变化，也指矛盾的两方面互相转化，这里可以看出支点两边等价关系的传递性；“one to one（平局）”、“fifty-fifty（一半一半，平分）”、“six of one and half a dozen（一个半斤，一个八两，重量相等）”都表达了相等的数量关系，它们的含义中都有平衡对称的因素。汉语中还有很多类似的数字熟语，如：“一个半斤，一个八两”、“一个萝卜一个坑”、“一唱一和”、“天无二日”、“人无二理、三起三落”、“六言六弊”、“七擒七纵”、“八遇八克”、“九转九还”。

再看数量不等是失衡的例子：

（82）听见宝钗自己推让，他心里本早打算过宝钗生日，因家中闹得七颠八倒，也不敢在贾母处提起。（《红楼梦》）

(83)说着，将一盘子花横三竖四地插了一头。贾母和众人笑得了不得。(《红楼梦》)(动作行为的不平衡性，这样竖，那样竖)

(84)撑船人为安抚人心，不断地劝慰着这些饱受惊吓的人们，大家七嘴八舌，船上显得更加混乱不堪，一片乱糟糟。

(85)在老人面前，我们装得什么事也没有发生一样，但是，虽然表面上十分平静，我的心里却七上八下地一直在翻腾。

上面句子中含有两个不同数字之间的搭配，它们之间的数量关系不相等，一方多于另一方，表达了动作行为的不平衡性，含义为“多、乱”。在汉语中，模式为“七……八……”的熟语很多含贬义，意为“多、乱”，如：“乱七八糟”、“七上八下”、“七嘴八舌”、“七折八扣”、“七拼八凑”、“横七竖八”、“七狼八狈”、“嘎七马八”、“乌七八糟”、“杂七杂八”。平衡图式的支点两边分别为两个实体“七”和“八”，它们的数量不相等，即价值不同，平衡被打破，处于一种失衡的状态，而我们日常经验中的平衡状态(物体、人体的平衡性)被普遍认为是健康的、审美的、舒适的，所以这种失衡状态被认为是非正常状态，它是非审美的、不舒适的。另外还有其他类似的数字组合用法，有的虽然不含贬义，但也可以用数量失衡来解释不同实体之间的价值差异，从下面的熟语中可以看出两边数量的差异和失衡的程度：“一举两得”、“一问三不知”、“一日三秋”、“丢三落四”、“三寸鸟，七寸嘴”、“三分吃药，七分调理”、“七实三虚”、“一步九回”。

看英语中的例子：

(86) Two's company and three's none, so one of the three has been taken out of the game.

两人成伴，三人不欢，于是三个中便有一人从这场游戏中被弄出去了。(“two”和“three”之间数量不等，失去平衡，双方的价值不同)

(87) Matters of inferior consequence he will communicate to a fast friend, and crave his advice; for two eyes see more than one.

不太重要的事他就告诉一位忠于他的朋友，征求他意见，因为一人不抵两人智。(“two”和“one”之间不平衡)

(88)If I was to go from home , everything would soon go to sixes and sevens.

假如我离开家，家里马上就会一团糟。(“sixes”和“sevens”之间不平衡)

如“Nineteen bites to a bilberry(小题大做，无事空忙)”原意为“一个越桔分作19口吃”。越桔(bilberry)又称覆盆子，是原产于北欧等地的一种浆果，果子的直径仅1/4英寸(1英寸≈2.54厘米)。在一个如此小的果子上咬上19口，可以说是太过分了。19和1之间差别巨大，双方强烈失衡。

3. 数量关系和线性数量规模和起点—路径—目标图式(THE SOURCE-PATH-GOAL Schema)

该图式的生理基础：当物体从一个地点移到另一地点时，一定有起点、终点和路径；其构成要素为：起点、终点、路径、方向。如图3-3所示。

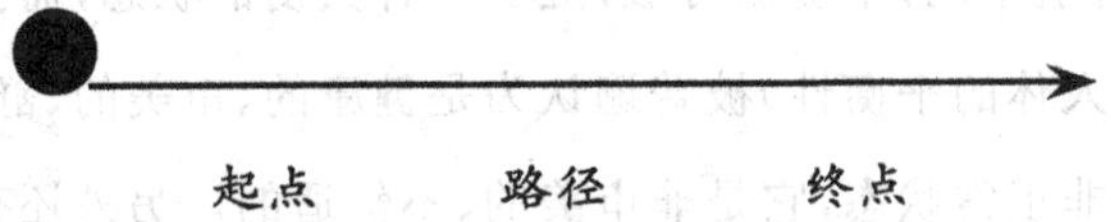

图3-3 起点—路径—终点图式

线性数量规模可以理解为线性顺序图式(LINEAR-SCALE)，线性规模就是路径，线性顺序是起点、终点，它是单向叠加的，有方向性。

(89)金黄的丁香花在崖壁中如瀑布般垂下，点缀着一望无际的原野。(方向性)

(90)……工作组采取了什么措施，取得了什么效果，须一五一十地说清楚。(路径方向)

(91)佛门中九九归真。圣僧经过八十难，还少一难，不得完成此数。(终点)

(92)飞流直下三千尺，疑是银河落九天。(终点，极限)

(93)例如三国时代，诸葛孔明为了想让西南蛮族降服，他并不是一味地采用武力，而是采取恩惠怀柔的手段，七擒七纵，最后使蛮族心悦诚服地归顺了西蜀。(终点，满)

(94)一般也有轻薄少年及儿童之辈，见他有挑柴，有读书，三五成群，把他嘲笑戏侮。(冯梦龙《古今小说·金玉棒打薄情郎》)(线上某点)

(95)To arrive at the eleventh hour.

在最后时刻到来。(线上某一点)

(96)He's now the boss's number two and travels with him wherever he goes.

身为老板的左右手，他与老板现在是形影不离。(线上某一点，顺序)

(97)Students went out of the classroom one by one as soon as the bell rang.

下课铃一响，学生们一个个从教室里走出来。(顺序)

(98)I've got to take care of number one first.

我必须首先关系我自己。(起点)

(99)The whole family were dressed (up) to the nines when they left for the wedding.

全家人穿戴一新，前去参加婚礼。(线性终点，极限)

(100)Having got his favorite star's signature, he was at seven heavens.

得到最喜欢的歌星的签名，他真是欣喜若狂。(极限)

上例中的数字分别表达了不同事物的线性规模，不同个体在空间和时间上的位置、移动方向、移动距离等等，可在一定程度上解释某些数字隐喻，如“初始”、“极限”、“比较”等。

第二节 英汉数字隐喻的差异

据前文的分析，英语和汉语中存在大量相同或相似的数字隐喻并可以找出其认知理据，但这些相同和相似数字性隐喻的背后，又有许多不同，如数字“7”是英语和汉语中的模式数字，它们有着相似的隐喻意：“神圣、神秘”，然而具体来说，“seven”因为与上帝有关而变得“神秘”、“神圣”、“完美”、“吉祥”，而“七”的神秘性与道教有关，并和中国传统民间宗教的鬼神有关，常常让人联想到“不详”、“死亡”，因而汉语中的“七”就有些许恐怖的暗含。二者的“神秘”之隐喻意的来源、表现、程度、范围、类型等均有差异。此类语言现象无法从身体本身的生理体验性得到合理的解释。

认知语言学在隐喻的普遍特征方面做了大量研究，但是却很少关注隐喻在不同文化之间的变异性。莱考夫也指出隐喻与文化有关：“隐喻映射的普遍性程度不同，有些是普遍的，另一些是常见的，还有一些是基于文化的差异。”① 但他对于文化差异并未做进一步的探讨。

由于人们的文化传统和所处的社会环境、地理环境不同，对很多具体事物的体验也不尽相同，从而产生了民族间，甚至同一民族不同社会群体间，在隐喻使用上的显著差异。而考维塞斯则做了系统深入的研究。

① Lakoff G.:"The contemporary theory of metaphor", in : Ortony, A. (Ed.), *Metaphor and thought.* Cambridge: Cambridge University Press,1993, pp.202-251.

一、隐喻变异性理论

（一）隐喻变异性特征

考维塞斯(2005)认为隐喻的普遍性和变异性同等重要，他系统研究了隐喻的普遍性和变异性特征及其产生的原因，尝试探讨在认知语言学的框架中去解释认知和文化之间的整合问题，提出了隐喻变异性理论(Variation Theory)。一般来说，基本隐喻具有一定的普遍性，然而由基本隐喻演变而来的复合隐喻却很大程度上受文化的影响。考维塞斯提出了以下观点：①在隐喻的创造中，身体体验可以有选择地应用。②在文化和认知过程中，身体经验可以被忽视。③隐喻不一定建立在体验的基础上，很多隐喻是建立在文化思考和认知的过程中。

考维塞斯认为，隐喻在跨文化中的变异性表现在一致性隐喻(congruent metaphor)、可选择性隐喻(alternative metaphor)、唯一性隐喻(unique metaphor)等几个方面。一致性隐喻指的是隐喻形式与一般图式(generic schema)相一致。在跨文化交际过程中的隐喻表达，除需要一般图式级别外，还需要建立在不同文化的基础上的特殊级别(specific level)。特殊级别需要与一般图式级别相一致，但特殊级别使得隐喻在具体的文化语境中的表达又有所不同。一般图式级别揭示了隐喻的普遍性，而特殊级别模式揭示了隐喻的变异性。相同概念隐喻的表达会根据语言的不同而不同，主要体现在阐释的程度、常规化、隐喻的具体化以及隐喻的范围。两种语言可能会有相同的概念隐喻，但文化意识形态的特点差异会引起隐喻表达上的差异，这就意味着认知与文化共同作用于隐喻。

可选择性隐喻是指在跨文化交际过程中，人们的概念思维是不断变化的，由于来源域和目标域在范围上的可选择性和多样性，使得隐喻思维呈现多样的变异性，比如基于不同文化背景下的多种来源域可以指称同一个目标域，或是不同的目标域指称同一个来源域，最简单的可选择性隐喻是一个来源域指称一个目标域。

唯一性隐喻是指从文化的角度看，有的概念性隐喻只有唯一的来源域和唯一的目标域。

（二）变异理论的解释力

1. 隐喻的体验性

传统的认知语言学隐喻观把隐喻的体验性看作是仅以身体经验为基础的，有一定的局限性，许多语言现象无法得到令人信服的解释，文化经验在我们人类体验以及隐喻性世界建构中也起到了重要作用。奎因（Quinn 1991）指出，许多我们体验的经验都根植于社会文化情景之中，像图式图像这样最基本的人的经验也不是简单地由身体所赋予的，而来自于受文化制约的身体与客观世界的相互作用。[①]人类学家Csordas（1994）证明，在许多文化中，当地的文化习俗塑造一些基本的体验经验，人们向身体的体验过程注入了文化意义。[②]"愤怒"是人类的基本情绪，各文化中的人们有共同的生理体验，即"愤怒"是"热"、"火"，除此之外，中国文化语境下的"怒"还是"气"，如"怒气冲冲"，有学者研究表明这和中医"气"的理论有关。[③]考维塞斯阐述了基本隐喻在我们隐喻性思维中的关键作用，并且指出了人们在现实的文化语境中使用的是复合隐喻。基本隐喻是以人类经验为基础的，为我们提供了普遍共享的图式，这些图式因受其所在文化的制约，使得它们以各自不同的方式得到充实，进而变为复合隐喻。比如："Life is a journey"提供的只是一个蓝图，人们需要根据不同的文化来对这一蓝本进行充实。从这一点来看，对体验性理解的拓展为我们解释隐喻现象提供了更为广阔的空间，也是对隐喻理论的补充和发展，使之有更强的解释力。

---

① Quinn N.:"The cultural basis of metaphor", In: Fernandez J. (Ed.),*Beyond metaphor: The theory of tropes in anthropology*, Stanford,CA: Stanford University Press, 1991, pp.56 - 93.

② Csordas T.:*Embodiment and experience*, Cambridge and New York: Cambridge University Press, 1994.

③ Yu N.:"The contemporary theory of metaphor:A perspective from Chinese", Amsterdam: John Benjamins, 1998.

2. 隐喻的认知和文化的多角度研究

主流认知语言学强调意象图式是受身体经验制约的，因此是共享的，从而在很大程度上确保了隐喻的普遍性特征。而考维塞斯在隐喻映射中加入了“非图式化”的知识，引入了隐喻的变异性，他在认知隐喻研究方面赋予了文化更多的角色。这样，隐喻变异性的理论揭示了隐喻思维是如何与文化和社会相联系的。从文化角度对隐喻的普遍性和变异性进行研究，使得认知语言学与人类学等学科对隐喻的研究相互交融，为隐喻的研究提供了一个新视角。因此，要想理解文化与隐喻间的关系，不仅需要把语言作为主要的阐述工具，同时也需要挖掘习俗、禁忌、信念、科技、艺术、礼仪、象征等方面。

下面，我们就可以将认知和文化结合起来考察语言中的英汉数字隐喻差异。

二、英汉数字隐喻差异

下面将从一致性隐喻、可选择性隐喻和唯一性隐喻等几个类型分别对英汉数字隐喻的差异进行考察。有关因素有来源域，目标域，经验基础，和来源域与目标域有关的大脑神经结构，来源域和目标域的关系，隐喻的语言表达、映射、整合，非语言关系和文化模式。这里只讨论来源域和目标域、来源域和目标域的关系、映射关系。

（一）一致性隐喻

上面的分析显示英语和汉语中有相同或相似的数字隐喻，在一般图式上是一致的，但在具体应用中，又分别呈现特殊级别上的差异，以数字“7”为例，“7”是个世界性的神秘数字，在很多文化中都有神秘和神圣的含义。中国学者对它有深入的探讨（钟年 1994；张德鑫 1995；叶舒宪，田大宪 1998；刘道超 2003），认为它是世界性的模式数字，那么“神秘、神圣是7”的隐喻成为语言中常见的现象。如下例：

（101）那众强人那容分说，赶上前，把寇员外撩阴一脚踢翻在地，可怜三魂渺渺归阴府，七魄悠悠别世人！（吴承恩《西游记》）

中国古代传说人有三魂七魄，人将死时七魄先散，然后三魂再离。生病时就是魂魄散了，所以要用药物去阻止它散发。魂指能离开人体而存在的精神；魄指依附形体而显现的精神。三魂指是魑魂、魅魂、魍魂；七魄指的是和魄、义魄、智魄、德魄、力魄、气魄、恶魄（分别代表平衡智力、生死之义、智慧、品行、力量、正义、邪恶）。也有一说道家谓人有七魄，各有名目。第一魄名尸狗，第二魄名伏矢，第三魄名雀阴，第四魄名吞贼，第五魄名非毒，第六魄名除秽，第七魄名臭肺。"七魄悠悠"意思是七魄离身飘荡，喻惊愕、昏厥或死亡。这里，"七"因道教而蒙上了浓厚的神秘色彩。张爱玲在《谈音乐》一文里曾写到申曲里的唱词："三魂渺渺，三魂渺渺，七魄悠悠，七魄悠悠；阎王叫人三更死，并不留人，并不留人到五更！"①在叹息生命将逝的无奈的同时，也笼罩着一种神秘恐怖的气氛。

下面实例中的"七"的隐喻意中均蕴含中国传统文化因素：

(102)对不起，打扰人新婚之夜是会被判下十二层地狱的，而救人一命胜造七级浮屠。(佛教)

(103)七元之子主调气。(《黄庭内景经•肺部》)(道家指耳、目、鼻、口七窍的元气)

(104)今天是鸣凤的头七……我想起她死得可怜，偷偷买点钱纸给她烧，也不枉生前跟她好一场。(巴金《家》)(祭奠习俗)

(105)牵牛在河西，织女处其东；万古永相望，七夕谁见同！(杜甫《牵牛织女》)(女性爱情、婚姻等终身大事)

(106)今徵论西洋教宗如何，然而七日来复，必有人焉。(严复《原强》)(泛指阴阳循环)

(107)还有什么大姑爷、二姑爷，媳妇娘家，儿子舅家；七大姑，八大姨，一来就是几大轿车。(李凖《黄河东流去》)(中国传统家族观念)

(108)拼守着七贞九烈，怕什么六问三推，一任他万千敲打。(李行道《灰澜记》)(封建社会对女性的精神束缚)

① 张爱玲：《谈音乐》，载《中国现代散文欣赏辞典》，汉语大词典出版社1990年版，第611页。

（109）炕背后空屋子里挂着一盏七星灯，灯下有几个草人，有头上戴着脑箍的，

有胸前穿着钉子的，有项上拴着锁子的。（《红楼梦》）（旧时祭神的油灯）

看英语里的“seven”：

（110）A book written within and on the backside, sealed with seven seals.

有一卷书，内外都写着字，用七个印密封着。（喻难解之谜）

在例（110）中，“sealed with seven seals（七印封严的书卷）”喻意为“难解之谜”，《圣经·新约·启示录》里说，天使大声宣告，在天上、地上、地底下，没有人能展开能观看那书卷，唯一例外是上帝的羔羊——耶稣。

第一印揭开时，出现一匹白马，骑马的接受了赐给他的荣冠，就出发征战，接连获胜。第二印揭开时，出现一匹红马，骑马的得了权，能使地上发生战争，人与人互相残杀。第三印揭开时，出现一匹黑马，骑马的手持天平，耶稣宝座旁边有一活物说道：“一钱银子买一升麦子，一钱银子买三升大麦。油和酒不可糟蹋！”第四印揭开时，出现一匹灰马，骑马的名曰：“死亡”，阴间紧跟着他。他们得了权，管辖四分之一的土地，要用战争、饥荒、瘟疫和野兽杀人。第五印揭开时，因传播上帝之道而遭杀害的灵魂大声要求审判地上的人，为他们伸冤。第六印揭开时，大地震动，太阳变红，星星坠落，天空消失，地上的人躲进山洞岩穴。第七印揭开时，七个天使吹响号角，世界末日降临。

以上的七种景象深奥难测，其基本寓意是上帝将惩罚一切仇敌，为蒙冤者伸冤，为信仰他的子民开启新的生活。“七印封严的书卷”成为一个影响深远的意象，比喻神秘莫测的高深事物，“sealed with seven seals”的来源域是一个具体的场景描述，它映射到目标域的抽象意义上（神秘莫测），这种隐喻映射已成为常规化、凝固化的概念关系，储存在说英语的人的长时记忆中，并形成了固定的知识结构，经过词汇化（lexicalization）的过程凝固在语言中。再看下例：

（111）The army has taken an offensive like the seven against Thebes.

部队展开了雷霆万钧的进攻。

(112)He sweeps all the thorns in the way with a power of seven against Thebes.

他以雷霆万钧之魄力扫清了一切障碍。

例(111)和例(112)中的"seven against Thebes"比喻"雷霆万钧之势",指军事上的鏖战,也形容某个人做事的魄力。它来自希腊神话中有名的"七雄攻打武拜"的典故。古希腊的武拜王国有一时期由哥哥波吕尼克斯和弟弟厄武俄克勒斯轮流执政。双方约定,每年轮换一次。可弟弟贪图王位,逾期不但不退位,反将哥哥驱逐出了境外。波吕尼克斯被迫流浪在外,后幸遇阿耳戈斯国王,国王不但收留了他,还将其招为女婿。一年后,国王答应帮助波吕尼克斯夺回王位,于是召集了七雄(七支部队)出征。双方激战,但最终两败俱伤。除国王本人外,七支部队全部阵亡。当然,兄弟两人也同归于尽。

又如:

(113)There came up out of the river seven well favoured kine and fatfleshed.

从河(尼罗河)中上来了七只母牛,色美体肥。(喻丰年)

(114)Every time she wins a match she's in seventh heaven!

每次赢了比赛,她都快乐无比!

例(113)中的"seven well favoured kine and fatfleshed"意指"丰年",现在也用以表示兴旺发达、繁荣昌盛的时期,此语来自《圣经·旧约·创世纪》中的宗教故事。例(114)中的"in seven heavens"意为"在七重天",喻极为快乐。此语可探源到古希腊时期,古希腊哲学家和科学家亚里士多德推测,天是由七层静止不动的透明球体所构成的,日、月、星辰皆固定其上,这就是最早的地球中心说,也称"天圆地方说"。它统治了欧洲1 000多年,因而在人们的观念中,天有七层,地有九重,各层各重皆有天堂地狱。九层地狱最苦,是罪大恶极之人要去的地方;七重天堂极乐,是福大德高之人的去处。如果一个人死后能上七重天,那则是幸福之极、快乐至顶的事情了。所以欧洲各主要语种皆有"如上七重天"的说法,形容一个人欢天喜地的样子。在英语中便是"in seven heavens"。

"7"在英语中是个极为受宠的数字,很多语言表达中都含"7",如"the seventh

son of a seventh son(显要的后代)”、“in one's seventh heaven(of delight)(在无限幸福中)”、“seven chief virtues(七大美德)”、“seven/nine days' wonder(轰动一时的事)”、“the seven wonders of the world(世界七大奇观)”、“The seven works of corporal mercy(七种人间善事)”、“until seventy times seven(直到七十个七次,比喻彻底地饶恕)”等等。

这样,“seven”因为与上帝有关而变得“神秘、神圣”,具有强烈的宗教色彩,西方文化中的有关“7”的“神秘、神圣”成为一种集体记忆、一种意义潜势、一种预设,是数字隐喻形成的基础。

此外,“seven”还与古人对宇宙的认知有关,学者们对数字的起源有诸多的猜测,德国哲学家恩斯特·卡西尔在其《神话思维》一书中指出了数字“七”的巫术——神话意义所显示出的特殊的基本宇宙现象与宇宙观念的关联:“如同崇拜‘四’一样,对‘五’和‘七’的崇拜也可能由方位崇拜发展起来:伴随着东、西、北、南四个基本方位,世界中央被看成部落或种族获得其指定位置的区域,上与下,天顶与天底也被赋予特殊的神话——宗教个性。”[①]叶舒宪先生在《中国神话哲学》认为,已能找出创世神话以圣数“7”为深层结构的原始文化心理根源,那就是史前人类借神话思维所获得的全方位空间意识的具体数字化[②]:

一	二	三	四	五	六	七
东	南	西	北	下	上	中

钟年认为,“七”所体现的是人类的自我意识,它是人们对空间方位进行划分的依据(或曰出发点),“正是因为在空间划分中立足点(中心)的地位,使数字‘7’获得了模式数字的资格,数字‘7’因此在世界各地民俗事象中出尽风头。而中华文化崇尚‘中’的文化传统,又进一步强化了模式数字‘七’的神秘性和神圣性”[③]。

① [德]恩斯特·卡西尔:《神话思维》,黄龙保、周振选译,中国社会科学出版社1992年版,第102页、第166页。

② 叶舒宪:《中国神话哲学》,中国社会科学出版社1992年版,第270页。

③ 钟年:《数字“七”发微》,载《中南民族学院学报(哲学社会科学版)》1994年第4期。

"神秘是7(Mystery is seven)"的来源域,在英汉两种语言中有不同的识解(construals),在汉语中,"七"有着神秘色彩浓厚的宿命般的定数,该隐喻的来源域识解为对宇宙的认识和对人本身的认识,从"七"的隐喻表达中可以看出中国古人对人自身的机体灵肉结构、生命成长的周期规律、女性生命的活动机制等独特的认知,"七"表达了生命规律的奇异和不可知,在和女性有关时还往往表达智慧、灵巧和优美的品质;"七"还显示出佛教文化和传统的道家文化中的神秘莫测。在英语中"神秘"的来源域"seven"被识解为对宇宙的认识、基督教的教义、神话、民间习俗等,英语中的"seven"偏重于"神圣、吉祥"的一面,引起人们美好、幸福、尊贵、慈悲的联想。在英语和汉语的文化中都有来自人类对宇宙的认识,如上面实例中的"in seven heavens(七重天)"是基于西方的"天圆地方"说,而"七"则是基于中国古人对天文星相的认识以及和时间、空间的关系,如"天一地二,天三地四,天五地六,天七地八,天九地十"虽然归属于两种不同语言文化的人共享构成目标域的概念隐喻,但是目标域概念化上的差异引起来源域与目标域之间映射的细微但很重要的差异,二者的目标域有几种不同的解释,从而形成了相似隐喻的不同形式。这就意味着认知与文化共同作用于英汉数字隐喻,这里所说的概念隐喻不只是认知的实体,也是文化的实体,更确切地说是一个文化认知过程。

(二) 可选择性隐喻

由于来源域和目标域在范围上的可选择性和多样性,使英汉数字隐喻思维呈现多样的差异,两种语言中数字隐喻的来源域和目标域的范围不同,即数量不同,比如基于不同文化背景下的多种来源域可以指称同一个目标域,或是不同的目标域指称同一个来源域,最简单的可选择性隐喻是一个来源域指称一个目标域,分述如下:

1. 来源域异,目标域同

在英汉两种语言中都有"完满是数"的隐喻,二者目标域相同,但来源域的范围(the scope of source)和选择上有明显的不同,呈现出多样的差异性。汉语中"多、满"的来源域范围很广,数字"一"、"三"、"五"、"七"、"八"、"九"、"十"以及它们的倍数均表达“多”、“满”、“全”、“整体”、“极限”等意，下面是汉语中比较典型的“完满是数”的隐喻：

A.“多、满是一”：

(115)周大勇想：“我一生一世都要把参谋长这样的人记在心里。”(杜鹏程《保卫延安》)

(116)恰如人有一屋钱，散放在地上。(《朱子语类》)

(117)立刻就要吃饭了，还吃炒豆子，吃穷了一家子！(鲁迅《呐喊·风波》)

(118)这些“老板”们商议之后，觉得来而不往非礼，合伙送他一顶“林老板”的帽子。不久，人家的帽子都一风吹了，他这帽子却象(像)在那稀疏的头发上生了根。(孙华炳《重赏之下》)

B.“多、满是三”：

(119)曾子曰：“吾日三省吾身：为人谋儿不忠乎？与朋友交儿不信乎？传不习乎？”(《论语·学而》)

(120)一国实三公，万人欲为鱼。(杜甫《草堂》)

(121)“一个是拿定了主意，‘不干己事不张口，一问摇头三不知’。”(《红楼梦》)

(122)“说穿了又有什么趣味，你忍心叫人‘三月不知肉味’？”(瞿秋白《文艺杂著续辑·‘向光明’》)

(123)幸蒙垂盼，缘在三生。(蒲松龄《聊斋志异·葛巾》)

(124)“(百岁)胆子大得很，过去在家里三更半夜的，有时独自个溜到村边的桃树林里去捉还没蜕壳的知了。”(杨朔《雪花飘飘》)

C.“多是五”：

(125)当下驾坐宝位，静鞭响罢，文武百官，九卿四相，秉简当胸，相坍墀五拜三叩头礼，进上表章。(《金瓶梅词话》)

(126)五洲四海的人们，都在以不同的眼光和兴趣注视着中国未来的发展。(司马达《魔鬼的笛音》)

(127)天下五合六聚而不敢救,王之威亦单矣。(《史记·春申君列传》)

(128)他们三令五申,巧立名目,也搞不出我任何问题。(柯岩《我的爷爷》)

(129)"欺世盗名者"有之,盗卖名以欺世者又有之,世事也真是五花八门。(鲁迅《花边文学》)

(130)今年呢,难得这样五谷丰登,稻子收得这样多。(洪深《香稻米》)

D."多是六":

(131)果然那厢有座城池,六街三市,万户千门,来往往,人都在光天化日之下。(《西游记》)

(132)新人到了香案前面,狄婆子用箸挑了盖头。那六亲八眷,左右对门,来了多少妇人观看。(《醒世姻缘传》)

(133)我说那三姑六婆是再要不得的!我们甄府里从来一概不许上门的。(《红楼梦》)

(134)无非远离红尘,断绝七情六欲,一意静修,自然可入仙道了。(李汝珍《镜花缘》)

E."极多、满是九":

(135)老太太因明年八十一岁,是个暗九。(《红楼梦》)

(136)亦余心之所善兮,虽九死其犹未悔。(屈原《离骚》)

(137)可上九天揽月,可下五洋捉鳖。(毛泽东《水调歌头·重上井冈山》)

(138)楚人自古登临恨,暂到愁肠已九回。(欧阳修《黄溪夜泊》)

F."多是十":

(139)土山平陵,漫衍相属,平原广野,此车骑之地也,步兵十不当一。(荀悦《汉纪·文帝纪下》)

(140)十目所视,十手所指,其严乎……故君子必诚其意。(《礼记·大学》)

(141)你有十足的理由去起诉,你有十足的理由去要求赔偿,我只是要求你,宽容他一些!(老舍《二马》)

(142)如今我的身子是十病九痛的,你二嫂子也是三日好两日不好。(《红楼梦》)

(143)你待陪千言万语,托十亲九故,娶三妻两妇,待望一男半女。(无名氏《刘弘嫁婢》)

G. “多、完满是三、六、九的倍数以及百、千、万”：

(144)故国三千里，深宫二十年。(张祜《何满子》)

(145)后宫佳丽三千人，三千宠爱在一身。(《长恨歌》)

(146)白发三千丈，缘愁似个长。(李白《秋浦歌》)

(147)亲结其缡，九十其仪。(《诗经·豳风·东山》)

(148)三十六家花酒店，七十二座管弦楼。(《儒林外史》)

在汉语中还有些数字组合形式如“百……千……”、“千……百……”、“千……万……”、“万……千……”，它们表“多”、“极多”，如：“百花齐放”、“百战百胜”、“百病千灾”、“百花千草”、“千奇百怪”、“千疮百孔”、“千娇百媚”、“万水千山”、“千变万化”、“千般万般”、“千差万别”、“千村万落”、“千耻万辱”、“千刀万剐”、“千恩万谢”、“万万千千”等。

在英语中，“one”有“满”和“全”的隐喻意，另外“seven”和“nine”也常常有“多”和“满”之喻，而且百、千的倍数表“极多”、“完满”的也很常见，如“tens of thousand(成千上万)”、“hundreds of(好几百，许许多多)”、“thousands of(成千上万)”、“millions of(上百万的，几百万的)”等等，看以下例句：

(149)I would like to thank you, one and all.

我想谢谢大家。

(150)There was a lot of wrong with the phrase one big happy family. His family had been big. He'd had five sisters and three brothers and it had been far from a happy experience.

一个幸福的大家庭这一说法很不准确。他的家庭很大。他有五姊妹、三兄弟，可是这并没有使他们感到幸福。

(151)And Jacob loved Rachel; and said, I will serve thee seven years for Rachel thy young daughter.

雅各爱拉结，就说，我愿为你小女儿拉结服侍你七年。(《圣经·创世纪》29章)

(152) "Sir," I exclaimed, "sitting here, within these four walls, at one stretch, I have endured and forgiven the four hundred and ninety heads of your discourse. Seventy times seven times have I plucked up my hat and been about to depart—Seventy times seven times have you preposterously forced me to resume my seat."

"先生,"我叫道,"坐在这四堵墙壁中间,我已经一连气儿忍受而且原谅了你这篇说教的四百九十个题目。有七十个七次我拿起帽子,打算离去——有七十个七次你硬逼着我又坐下"。

(153) We thought our cat would be killed when he fell from the roof of the house. He was not, he used up one of his nine lives.

我们以为我们的猫从屋顶掉下来会死了,它并没死,只失掉九条命中的一条。

(154) He is ten times the man you are.

他十倍于你的人。

(155) She has warned me against pickpockets twenty times.

她已多次提醒我小心扒手了。

(156) We have a visitor…if you took a hundred guesses, you couldn't guess who.

我们有位客人,你猜一百遍也不会猜到。

(157) "Mew, mew! Now we are hungry!" said the Hundreds of cats, Thousands of cats, Millions and trillions of cats.

"喵,喵!我们饿了!"几百只、几千只、几万只、无数只猫叫道。

英语中还习惯以一个数字后加"one"的方式表示多数,如:

(158) I've got a hundred and one things to do today.

我有百样事缠身。

(159) They were doing the experiment in a thousand and one ways.

他们做了一千零一次试验了。

（160）A hundred to one it will be a failure.

这将极可能失败。

英语中“多、满”的来源域有“one”、“seven”和“nine”，但较为常见的是“tens of thousand（成千上万）”、“hundreds of（好几百，许许多多）”、“thousands of（成千上万）”、“millions of（上百万的，几百万的）”、“a hundred and one（许多的）”、“thousand and one（无数的，许许多多）”；而在汉语中除了基数七、九之外，三、五、六、八也表“多和满”的概念，九的倍数（如三十六、七十二、八十一等）表“极多”，但在英语中没有此类现象。另外，汉语中有满数“三千”，而英语中的数字后加一个“one”表“多”，但汉语中很少见。这说明，由于英汉目标域“多、满”的概念的来源域范围不同，所以呈现出多样的语言形式。

2. 来源域同，目标域异

英汉中基本数字1—10隐喻的目标域范围存在很多差异，列表对比如表3-2所示。

表3-2　汉英数字1—10的隐喻目标域差异对比

数字	汉		英	
	目标域	例	目标域	例
1	短暂	摇身一变，一年半载	某个（指代先前提到的人或事情）	He is the one we chose as our leader.
	直	一往无前，一望无际		
	少许	一知半解，一时半会儿	滑稽的笑话	A hot one
	清楚扎实	一个萝卜一个坑	一杯酒（指代）	Have a quick one
2	劣等	二把刀，二路货	不投机，不和	You and she are two, I hear.
	接连	接二连三	多得很，很便宜	Two(for) a penny.
			综合起来判断	Putting two and two together
			立刻，一转眼	In twos
3	最次最差的	三青子（青皮，流氓），三孙子	三位一体	Three in one
	出差错，灾祸	三长两短	幸运	Three is lucky.

续表 3-2

数字	汉		英	
	目标域	例	目标域	例
4	多而乱	四分五裂	完全一致	On all fours
	少	四不拗六	四肢	Fall on all fours
5	多，壮，够呛	五荤三厌，五大三粗，五眉三道	拒绝回答	Five it
	各种各样	五光十色，五行八作	稍事休息	Take five
6	通顺	六六顺	不和	They are sixes and sevens.
	没有希望（赌博）	“六猴儿”	彻底打败	Hit(knock) for six
			不相上下	Six of one and half a dozen of the other
7	多且乱	乌七八糟，七零八落	极多	The seventh heaven(of delight)
8	多（否定）	八成吹了	处于困境	Behind the eight ball
9	各样	三教九流	缪斯九女神	The Nine
	转回本位	九九归一		
10	多少不等	凑个十块八块的	小憩	Take ten
	危险，精细	十死一生，十日一水	因太多而不值钱	Ten a penny
			上流社会	The upper ten

根据表 3-2，英汉数字的隐喻目标域范围有很大差异。英语的“one”和汉语的“一”均有较为广泛的目标域，除去相同和相似的目标域如“相同”、“全、满”、“统一”、“专一”、“联合”之外，“一”还有“短暂”、“直”、“少许”，而英语的“one”则有“某个（指代先前提到的人或事情）”、“滑稽的笑话”、“一杯酒（指代）”。再如汉语的“六”的目标域有“没有希望（赌博）”和“通顺”，而英语的“six”则为“不和”、“彻底打败”、“不相上下”。其他数字也各有差异。英汉基本数字 1—10 虽然有相同或相似的隐喻意，但它们之间有诸多差异，这些隐喻意义在英汉两种语言中均有较高的使用率，说明数字隐喻已经成为生活在两种语言文化中的人的隐喻思维体系中不可缺的一部分。

（三）唯一性隐喻

唯一性隐喻是指从文化的角度看，有的概念性隐喻只有唯一的来源域和唯一的目标域。英语和汉语中都有一些源自本民族独特文化的词语，它们的喻义有文化上的唯一性。看下面的例子：

1. 汉语数字隐喻的唯一性

A. 出自历史文化：

（161）想来想去，新团长只好亲自去请福奎，动员他再站一班岗，他作好了三顾茅庐的思想准备。（王安忆《舞台小世界》）

（162）只可怜安公子，经她两个那日一激，早立了个一飞冲天、一鸣惊人的志气，要叫她姐妹看看我安龙媒，可做得到封侯夫婿的地步。（《儿女英雄传》）

汉语中有大量的数字隐喻，它们出自历史典故。“三顾茅庐”的来源域和目标域都是唯一的，此来源域来自人尽皆知的中国历史故事《三国志·蜀志·诸葛亮传》：“刘备往访诸葛亮，凡三往，乃见。后诸葛亮上后主表云：‘先帝不以臣卑鄙，猥自枉屈，三顾臣于草庐之中，咨臣以当世之事，由是感激，遂许先帝以驱驰。’”“三顾茅庐”的目标域是对贤才的诚心邀请。

“一鸣惊人”的来源域来自《韩非子·喻老》：“楚庄王莅政三年，无令发，无政为也。右司马御座，而与王隐曰：‘有鸟止南方止阜，三年不翅；不飞不鸣，将以长羽翼。虽无飞，飞必冲天；虽无鸣，鸣必惊人。’”“一鸣惊人”的目标域为“平时默默无闻，一下子取得了突出的成绩，使很多人都知道”。

此类数字隐喻还有很多：“四面楚歌”、“一枕南柯”、“一鼓作气”、“一曝十寒”、“一鳞半爪”、“三人成虎”、“一叶障目”、“三马同槽”、“三迭阳关”、“三足鼎立”、“七擒七纵”、“九鼎大吕”、“三个臭皮匠，顶个诸葛亮”等等。

B. 出自中国文学（包括民间文学、戏曲等，在对联、诗句、歇后语、酒令、谜语、戏曲唱词中都有表现，是汉民族一种很独特的数字艺术）：

(163)谁言寸草心，报得三春晖。

(164)问君能有几多愁，恰似一江春水向东流。

(165)一减一，不是零。(字谜)

(166)七乞巧、巧七、巧七板、巧里发财。(酒令)

(167)一点一点又一点，两点三点四五点，六点七点八九点，衔来春泥筑旧檐。

(168)一叶孤舟，坐着二三个骚客，启用四浆五帆，经过六滩七湾，历尽八颠九簸，可叹十分来迟；十年寒窗，进过九八家书院，抛却七情六欲，苦读五经四书，考了三番两次，今日一定要中。(对联)

C. 出自神话传说：

“三头六臂”、“孙悟空七十二变”、“十万八千里”、“八仙过海，各显神通”、“一元大武”、“三尸神”、“三皇五帝”、“三元大帝”、“三星高照”、“四值功曹”、“四海龙王”、“四海神君”、“五显神“、“五方天帝”、“六丁六甲”、“梅山七圣”、“九天玄女”、“九圣九贤”等。

D. 出自习俗、生计：

“一箪一瓢”、“三媒六证”、“三从四德”、“五谷丰登”、“六畜兴旺”、“三教九流”、“三灾八难”、“三父八母”、“四体不勤”、“五谷祭”、“六亲”、“一族三宗”等。

2. 英语数字隐喻的唯一性

A. 出自历史文化：

a. Rome was not built in one day 罗马不是一天建成的(成功需要日积月累)

b. one buck 推诿，推卸责任

c. forty acres and a mule 梦想的富裕生活

d. one-horse town 微不足道的小镇；设备很差的店铺或企业等

e. plead the Fifth 拒绝回答与自己的活动有关的问题；拒绝陈述自己的理由或意见

f. right as ninepence 身体极佳；情绪高昂；身强力壮

B. 出自文学：

a. know a trick worth two of that 有更好的办法。(莎士比亚《亨利四世·上篇》)

b. two minds with but a single thought 两人想到同一问题上去了；两人有着相同的用心和目的（Maria Lovell "Two souls with but a single thought/ Two hearts that beat as one"）

c. seventy times seven 好多次；许多倍；很大的数目（《圣经》）

d. at one fell swoop 一下子；一举；刹那之间（莎士比亚《麦克白》）

e. catch-22 叫人左右为难的规定（或情况）；难以逾越的障碍；无法摆脱的困境（约瑟夫·海勒《第二十二条军规》）

C. 出自神话传说：

a. have one foot in the grave 风烛残年（民间传说）

b. Two-faced 搞两面派的；伪善的，口是心非的（罗马神话）

c. seven against Thebes 比喻雷霆万钧之势（希腊神话）

d. the Seven /Stars 七姊妹星座；北斗七星；大熊星座（希腊神话）

D. 出自习俗、生计：

a. a nine days' wonder 轰动一时的事物；昙花一现的新鲜事

b. three sheets in the wind 醉得东倒西歪

c. make fish of one and flesh of another 厚此薄彼

d. The best fish smell when they are three days old. 好鱼居水底，久住招人嫌。

e. Nine tailors make a man 九个裁缝抵上一个人

上面从历史文化、文学、神话传说、习俗和生计四个方面列举了英汉数字隐喻来源域和目标域的唯一性，可以看出二者都因来源域各异而使得目标域迥然不同，因而数字隐喻在英语和汉语中的语言表现形式有很大的不同。

第三节　英汉数字隐喻差异原因

前文从隐喻的来源域和目标域范围角度考察了英汉数字隐喻的差异，已经显示出文化因素在来源域和目标域的选择上有所不同。下面将进一步讨论英汉数字隐喻差异的原因。

考维塞斯认为隐喻变异性的原因主要有：经验的差异（differential experience）、认知偏好或认知方式的差异性（differential cognitive preferences or styles）以及涉及认知偏好或认知方式的差异性的几个因素，这些因素包括经验焦点（experiential focus）、视角偏好（viewpoint preference）、原型与框架、隐喻和转喻偏好等。以下将从这几方面对英汉数字隐喻差异进行考察。

一、经验差异

（一）英　　语

整个世界包括我们的身体和物理世界，而我们还生活在社会和文化的环境中，这些因素都会影响到语言中的隐喻。产生人类经验差异的几个因素有语境意识（awareness of context）、不同的记忆（differentia memory）、关注与兴趣的差异（differentia concerns and interests)以及各种次范畴等。看下例：

(169)A man passed down the street, which were three sheets in the wind.

一个醉汉沿街而下，摇摇晃晃，步履蹒跚。

(170)Talk about doing things at the eleventh hour! I mailed my income tax returns a few minutes just before midnight on the 15th April deadline. But boy, I am glad to find out I had plenty of company at the post office.

说到把事情留到最后一刻去做，我在4月15号最后期限的午夜前几分钟把所得税的报表寄出了。可是，老兄，我很高兴在邮局发现有好多人跟我一样。

(171)It's six of one and half a dozen of the other, so far as being on the square goes.

说到诚实公正，两个人都差不多。

在例(169)中，“three sheets in the wind”意为“醉得东倒西歪”，来自航海生活，英国的地理环境造就了发达的海上运输业，商船和舰队凝聚着英国人民的观念、智慧和能力。

例(170)中，“at the eleventh hour(在最后时刻刚刚赶上，尚来得及的最后时刻)”反映了英语国家的宗教文化语境，宗教是神化了的社会行为规范，是人类思想文化的重要组成部分。不同的宗教是不同文化的表现形式，反映出不同的文化特色和不同的文化背景，体现了不同的文化传统。此数字源自《圣经·新约·马太福音》第20章，耶稣教训他的门徒说，天国犹如家主，清早去雇人进他的葡萄园做工，和工人讲定一天一钱银子。先进葡萄园几个小时的工人和后进来的都得到同样多的报酬，那些在第11个小时才来，只在园中干了1个小时的人，也得到同样多的报酬。这意思是说能够进入天国的即使在最后时刻也来得及。

例(171)中，“six of one and half a dozen of the other”的意思是“一边是六个，另一边是半打”，反映了英国的历史文化。北欧的“盗(Vikings)”，也称作“丹麦人(Danes)”自9世纪左右开始入侵不列颠各岛，侵袭延续近300年之久，致使英国大部分地区受到北欧文化的影响，12进位制就是“丹麦人”传授的，并一直延用至今。

上面的例子反映了英语中的数字隐喻受地理环境、社会、历史、宗教和文化交流的影响，这些都是过去社会文化的历史经验，社会历史为思维的理解提供来源域。我们使用的隐喻反映我们对文化的现时的理解，是说生活在同一种语言文化中的人的共享记忆。著名历史比较语言学家格里姆说“我们的语言就是我们的历史”，这些过去曾发生在个人或文化社会集团的事件编码到语言中，成为语言这个美丽的大氅中五光十色的丝线，闪烁着耀眼的光芒。社会历史为隐喻的理解提供来源域，个人的生活也会解释隐喻概念化的个体差异。

另外，在不同语言和文化之间，社会和个人不同的关注和兴趣也会影响到隐喻的变异性。英语中有许多数字隐喻来自体育运动，特别是球类运动，如：

a. hit sb. for <u>six</u>

毁灭性打击；彻底驳倒（板球运动）

b. <u>nineteenth</u> hole

高尔夫球俱乐部的酒吧间；餐馆（高尔夫球）

c. old <u>one-two</u>

左右开弓，两相配合（拳击）

d. <u>one-to-one</u>

一对一的，面对面的（比赛、抗衡）（篮球，足球）

e. the <u>Eights</u>

每年夏季牛津、剑桥大学各学院间举行的划船比赛

f. in the <u>eleven</u>

成为（球队的）一员

g. an/the <u>eight</u> ball

不中用的人（兵），糊涂虫；不称职者（弹子游戏）

h. go <u>two-forty</u>

快速行进；仓促、迅速行动（赛马）

汉语中的数字用于体育活动的有“九柱戏”、“双节棍”、“三级跳”、“十八掌”、

“六合拳”、“两人三足跑”、“九节鞭”等，和英语有所差异。

在数字熟语上还可以看出其他文化对英语的影响。上面提到的“six of one and half a dozen of the other(一边是六个，另一边是半打；半斤八两)”反映的丹麦的12进位制。另外一个数字“fifth column(第五纵队)”源于西班牙内战时期。1936年，叛军将领摩拉(Emilio Mola)在一次广播中宣称，除了有四个纵队正在围攻马德里，另外还有一支第五纵队已经潜伏在首都里，随时策应配合正面进攻。这支纵队其实是指专门做内应，搞破坏，制造混乱的特务。“Fifth column”一语现指“内奸；间谍”。还有：“it takes two to tango(需要合作者；平均分担)”原意为“无伴难跳探戈舞”，源自阿根廷；“Mexican two-step(腹泻)”原意为“蒙提祖马的报复”，源自墨西哥。

英语数字呈现出的不同关注渗透到文化的各个方面，如地理环境、宗教、政治、军事、生计、娱乐等，相比较而言，汉语中的数字反映出的对其他文化的关注不如英语明显，就现有语料来看，佛教词汇较多，如：“一丝不挂”、“一尘不染”、“六根清净”、“一瓣心香”、“一佛出世”，“二佛涅槃”、“三宝”、“三界”、“三生有幸”、“五体投地”、“万劫不复”、“三头六臂”等。

(二) 汉　语

(172)2009年的春运，来得比往年更早，踏入元月就逐渐升温了，从千里铁道线，到万里高速路，从空运到海运河运，工作人员和乘客，甚至义工都在忙碌，共同演奏着这样一首春运协奏曲——归家，一路平安！

(173)那里还真有一片海呵！浩瀚的湖面碧波万顷，在夕阳的辉映下流金溢彩，令人陶醉。

(174)在传统的花鸟文化中，鹤是“一人之下、万人之上”，地位仅次于“凤”(皇后)，而居人臣之极。

(175)他们……或则拿一时一地的强弱现象代替了全体中的强弱现象，一叶障目，不见泰山，而自以为是。(毛泽东《论持久战》)

(176)按照贺人龙的说法，这是照顾乡亲，也是打不散的子弟兵。照他手

下人们说法，这就是俗话所说的："朝里有人好做官"，"一人得道，鸡犬升天"。（《李自成》）

就地理环境来说，中国东部临海，西、北高山环绕，绵延不断的历史造就了中国的内陆文化，汉民族较看重路和河，与路有关的数字词汇大多含褒义，例（172）中的"一路平安"即是如此。在内陆和海洋的关系上也有独特的理解，如例（173）中的"碧波万顷"，"顷"本是田地面积的单位，1顷等于100亩，这里用来计量海水，说明中国古人是以陆地为主位看待周围海洋的。再如："一碧万顷"、"一路顺风"、"一路福星"、"百川归海"、"一方水土养一方人"、"十年河东，十年河西"、"十日滩头坐，一日国九州"、"十年天地干戈老，四海苍生痛哭深"等。

数观念渗透到了汉民族社会、文化语境的方方面面，如中国古人的"因数明理"和种种的数字吉凶观念，数已经深植于汉民族思维之中，如政治、宗教、军事、家族观念、人生哲理、生活常识等等。在政治方面，如"一统天下"、"一轨九州，同风天下"反映了君王的大一统思想，而违背这一思想的"一国三公"、"一国不容二主"则含有强烈的贬义色彩；在政治措施方面，除了强调对君王的绝对服从和严格的等级秩序之外，也有笼络人心的亲民政策和用人之道，例（174）中的"一人之下，万人之上"即属此类，又如"一视同仁"、"一人用而天下从"、"一朝天子一朝臣"、"一人有庆，兆民赖之"、"一朝权在手，定把令来行"、"一国之政，万人之命"、"一夫得情，千室鸣弦"；而"一官半职"、"十羊九牧"和"一世为官三世累"则反映了官场的复杂和人们对中国官场的嘲弄。

例（175）和例（176）中的"一叶障目，不见泰山"和"一人得道，鸡犬升天"则反映了中国的社会文化历史。众多的数字典故折射出汉民族共享的集体意识，如上面提到的"四面楚歌"、"一枕南柯"、"一鼓作气"、"一曝十寒"、"一鳞半爪"、"三人成虎"、"一叶障目"、"三马同槽"、"三迭阳关"、"三足鼎立"、"七擒七纵"等，这些数字熟语的喻义以常规化的模式映射，呈现一种模式化的隐喻思维。

二、认知偏好

考维塞斯认为同一个概念隐喻在不同语言中会表现出语言表达上的变异性，这些细微的变异包括语言的阐释程度、语言表达的类型、常规化的程度、具体化的程度、隐喻转换的程度等方面，[①]从而造成隐喻在跨文化上的不同。他认为这些就是认知偏好或风格。这里只涉及其中的部分因素。

就语言阐释度来说，阐释就是某一隐喻映射所产生的语言表达形式的数量，具体化的程度和事物或事件的级别有关。考维塞斯举了英语和西班牙语中复合隐喻的例子：(CAUSED) CHANGE OF STATE (CAUSED) MOTION INTO A CONTAINER（状态的改变导致流进容器），这一隐喻可以用在普通级别和特殊级别两个层面上，看下面的句子：

a. His behavior sent me into a fury.（他的行为激怒了我。）

b. She went crazy.（她气疯了。）

c. The news threw him into a terrible state of anxiety.（这个消息让他极度焦虑。）

d. He flew into a rage.（他大发雷霆。）

考维塞斯解释说最后两句中的"throwing"和"flying"是具体行为，比"sending"和"going"更具体。在西班牙语中，这种具体化在复合隐喻中似乎不存在。

概念隐喻的范围指的是一特定来源域应用的目标域的数量。两种语言中隐喻范围的差异是很明显的。从上面对英汉数字一致性隐喻、可选择性隐喻和唯一性隐喻的考察可以看出，数字隐喻映射在英语和汉语中产生的语言表达形式的数量有很大差异，即语言的阐释度各有不同。

同一概念隐喻在不同语言中显示出差异性，某一隐喻映射所产生的语言表达形式的数量不同，某一特定来源域应用的目标域的数量不同，英汉两种语言中隐喻范围的差异是很明显的，这些都属于认知偏好。

① Kövecses Z.:*Metaphor in Culture: Universality and Variation,* Cambridge: Cambridge University Press, 2005, pp.151-162.

涉及认知偏好或认知方式的差异性的因素有经验焦点、视角偏好、原型与框架、隐喻和转喻偏好等，分述如下。

（一）经验焦点

不同的经验焦点意思是："在某个认知域的隐喻概念化过程中，不同的人可能会寻求身体功能的不同侧面，或者忽略身体功能的某些方面。"①下面以英语和汉语里都有的含人体器官的数字词汇为例，来说明二者的经验焦点的差异，比较如表3-3所示。

表3-3　英汉有关人体器官的数字用法比较

语言 / 人体器官	汉语	英语
头、脑	1.三头二面 2.三砖打不透	1.in two minds 三心二意 2.one-track mind 褊狭的头脑 3.two minds with but a single thought 两人想到同一问题上去了；两人有着相同的用心和目的 4. Two heads are better than one. 三个臭皮匠胜过一个诸葛亮。
面部器官	1.耳目一新 2.一鼻子灰 3.一瞑不视 4.百口莫辩 5.一个鼻孔出气 6.一把鼻涕一把泪 7.一口吃不了个胖子 8.三日不见，刮目相看 9.七窍里冒火，五脏里生烟 10.三头二面	1.the two eyes of Greece 希腊古代的两座城市"雅典"和"斯巴达" 2.to look nine ways 斜眼看人。 3.In the country of the blind, the one-eyed is king 盲人国里独眼称王 4. third ear 告密者 5. four eyes see more than two 两个人比一个人看得清楚 6. four eyes 戴眼镜的人 7. look two ways for Sunday（眼睛）斜视；显得无能 8. make three bites of a cherry 一颗樱桃分作两口吃 9. two-faced 搞两面派的；伪善的，口是心非的

① Kövecses Z.:*Metaphor in Culture: Universality and Variation,* Cambridge: Cambridge University Press, 2005, p.246.

续表 3-3

语言 / 人体器官	汉语	英语
手、脚、四肢	1.一手硬,一手软 2.一手独拍,虽疾无声 3.一失足成千古恨 4.一步一个脚印 5.一步两脚窝 6.一个巴掌拍不响 7.十个指头不一般齐 8.一棒一条痕,一掴一掌血 9.十指连心 10.十目所视,十手所指 11.四脚朝天	1.two left feet 手脚不灵 2.bunch of fives(俚语)拳头 3.A bird in the hand is worth two in the bush. 两鸟在林,不如一鸟在手。 4.two-finger exercise 未用全力从事的事 5.two-handed game(俚)机会均等的比赛或提议 6. five-finger 贼,扒手;五年徒刑 7.One hand washes the other 互相帮助;互相利用 8. Ten commandments 女人的十个指头;十指抓痕 9. high five 两人击掌(表示欢迎);握手又作:slip some skin 10. two-legged mare: the gallows 绞刑架 11.two-legged wolf: a rapacious person 贪婪的人 12. one-arm(ed) bandit 自动赌博机
内脏	1.五脏六腑 2.三人一条心,黄土变成金 3.一心不能二用	1.two heart 有二心;不真诚 2.a man of two hearts 不真诚的人 3.two of a kidney 两人想法相同
器官之间的关系	1.一举手一投足之劳 2.一发不可牵,牵之动全身 3.七窍里冒火,五脏里生烟 4.十指连心 5.十目所视,十手所指 6.三头二面 7.一尺之面,不如一寸之眼 8.耳目一新	1.by the skin of one's teeth 九死一生
整体	1.四平八稳	

从表3-3看，英汉涉及人体器官的数字词汇中，有许多相似之处，如“头”、“脑”、“心”喻“思想”，在面部器官方面，有关“眼”的数字隐喻较常见，但不同的是，汉语有关于“鼻”的隐喻，如“一鼻子灰”比喻一方的热情主动遭到另一方的冷漠对待；“一个鼻孔出气”喻双方的思想言行完全一致，含贬义；“一把鼻涕一把泪”比喻很伤心。英语中很少见此类隐喻。另外在内脏方面，英汉都有关于“心”的隐喻，但特殊的是，英语中有“two of a kidney”的说法，比喻两人想法相同，英语中“kidney”还有“个性，性格”的意义，汉语中很少有类似用法。

英汉数字词汇中还有一个明显的不同，汉语中表达了人体各器官之间关系，如手和脚、手指和心脏、眼与耳、眼与手、面部和眼、五官和内脏、头发和全身等等，英语中较为少见，究其深层意义上的原因，应该和中医学说的整体论有密切的关系，中医学以系统方法为主，朴素的元素分析方法和系统方法相结合，研究脏腑形体官窍的形态结构、生理活动规律及其相互关系。它认为人体是以五脏、气血精津液、经络、形体官窍所构成的功能活动系统。这个系统不仅都受天地、四时、阴阳的影响，同时互相之间也紧密联系，从而使人体整体与局部、局部与局部，以及人体与外界环境成为一个复杂的网络结构。如中医认为口鼻为“气之门户”，而人的七窍都是相通的，所以有“一把鼻涕一把泪”的说法。

从上述分析可以看出与人体器官相关的英汉数字隐喻有不同的经验焦点。

（二）视角偏好

视角偏好指的是不同文化的人看待同一事物的角度有所不同。如“There is a rock in front of the tree”，在某些说英语的人所在的文化中，人从自身的角度去观察树，认为“石头”介于“我”和“树”之间；而在Hausa（豪萨人：居住在尼日利亚北部及尼日尔南部，主要信奉伊斯兰教的民族）语中，石头位于远处的树附近。在数字的具体应用中，汉民族将数字的测量功能应用到社会、文化的各个方面，从测量的角度对人和事物进行衡量，下面的例子中数可以测时间、情绪、智力、责任、景色等等，显现出汉民族独特的审美取向。

a. 一概而论(概：过去量米麦时刮平斗斛的器具，容量单位喻标准)

b. 一寸光阴一寸金(寸：长度单位，测时间)

c. 一寸相思一寸灰(寸：长度单位，测情绪)

d. 一寸离肠千万结(寸：长度单位，测情绪)

e. 八斗才(斗：体积单位测智力)

f. 千钧重负(钧：重量单位测责任)

g. 一竿风月(竿：长度单位测景色)

英语中的数测量范围比汉语有限得多，偏重于对事物的物理测量，在下例中，数可测酒量、距离、深度等。

a. one over the eight

微醉；喝多了(指一个人的正常酒量为8品脱)

b. at seven-league

大踏步地(里格为长度单位，相当于4.8公里)

c. the six-foot way

铁路(两条铁轨之间的距离为六英尺)

d. deep-six

海葬，抛弃；完全拒绝[按规定，海葬之处水深不得少于六英寻(fathom)，1英寻约等于1.829米)]

e. two cent

不重要的事；极微小之事(货币单位)

(三) 原型与框架

由于社会文化的影响，数字1—10在英语和汉语中的原型概念有所不同。前面我们讨论了对数字的目标域在两种语言中各自不同的识解，语言则呈现多样化的变异特征。认知风格还包括不同的框架，即隐喻的映射机制在细节上有差异，英汉中的“九”和“nine”都有“神性”、“神圣之至”的喻义。如英语中有下面的表达：

(177)She dressed herself up to the nines and went to the party.

她打扮得楚楚动人去参加晚会。

(178)Father bought me a bike, and I was on cloud nine.

爸爸给我买了辆自行车,我万分高兴。

(179)Possession is nine points of the law.

占有者在诉讼中总占上风。

(180)His being caught shoplifting was a nine days' wonder.

他在商店扒窃一事曾轰动一时。

以上DIVINITY IS NINE(神性、神圣是九)的隐喻是基于下面的映射机制:

九 → 极端美好的感情或引人注目的事件

神的至高无上 → 极其美好

至高无上的程度 → 美好的程度

相比之下,汉语中有以下表达:

(181)只不过这会子输了几两银子,你们就这么三六九等儿的了。难道从此以后,再没有着求我的事了?(《红楼梦》)

(182)九转九还功若就,定将衰老换长春。(吕岩《七言诗》)

(183)接成汤之胤,位九五之尊。(《封神榜》)

以上例句都用了"等级最高、极为尊贵、极多是九"的隐喻,映射机制如下:

九 → 地位

九的等级和数量 → 社会等级、威望、数量的范围

九的等级最高 → 社会等级最高、极为尊贵,数量极大

英语中"nine"的原型意象强调"极其美好",偏重"nine"的终极性,而汉语中的"九"反映出的等级性比英语明显,上例中的数字熟语"三六九等"、"九转九还"和"九五之尊"带有明显的中国封建社会上下、尊卑的等级秩序的痕迹。

第四节　小　结

本章考察了英语和汉语中数字隐喻的共性和差异，二者有许多相同或相似的隐喻意，共同的意象图式是它们的认知理据之一。在英汉数字隐喻的差异方面，无论一致性隐喻、可选择性隐喻还是唯一性隐喻，均和隐喻的结构有关，如来源域和目标域的范围、对应关系、文化经验的作用、映射机制等。从经验差异、认知偏好及有关因素，如经验焦点、视角偏好、原型与框架等方面对英汉数字隐喻的差异进行了解释。不同的地理环境、历史文化、政治、宗教、习俗、文学等文化因素是造成这些差异的源头。

关于隐喻的普遍性和变异性，考维塞斯认为，蕴涵（身体的、神经的基础）、社会文化经验（语境）和认知过程，三者同时起作用。①人类的认知机制是普遍性的，但是他们的应用却不是，在不同语言中，人们有不同的认知偏好。不同的社会文化经验和不同的认知机制（认知偏好）会导致隐喻的变异。共同的生理机制只是为概念隐喻提供了潜在的生理基础，无法约束特定的隐喻形式，隐喻的具体表达最终取决

① Kövecses Z.:*Metaphor in Culture: Universality and Variation,* Cambridge: Cambridge University Press, 2005, p.263.

于文化语境。[①]

就英汉数字隐喻来说，共同的生理机制只是为概念隐喻提供了潜在的生理基础，人类的数范畴是普遍性的，但它的应用却蕴涵了复杂的文化因素，文化经验和认知偏好在数字隐喻中起着极其重要的作用。文化经验和认知机制是建立在人类共同的生理和神经基础之上，身体生理机能的普遍性会导致概念化的普遍性的说法是将问题简单化了，而说文化中的变异会排斥概念化的可能性也同样将问题简单化了。隐喻的普遍性和变异性同时存在、互相关联的，是矛盾的两方面，强调任何一方都有失偏颇。英汉数字隐喻的共性与差异同生理机制、文化经验以及认知机制的关系如图3-4所示。

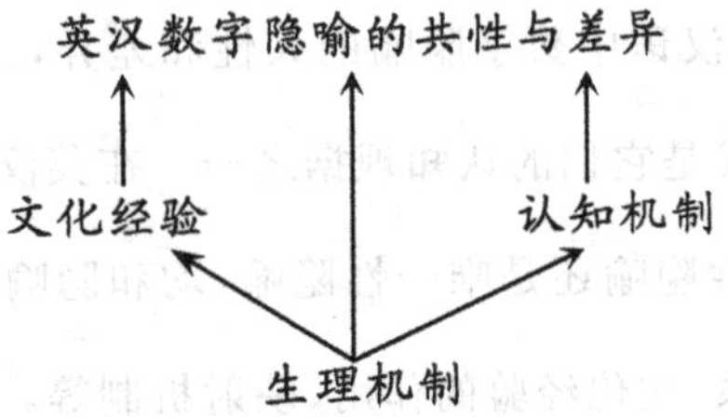

图3-4 英汉数字隐喻的共性与差异同生理机制、文化经验以及认知机制的关系

① Kövecses Z. :"Selected Proceedings of the 2005 Symposium on New Approaches in English Historical Lexis (HEL-LEX)", ed. R. W. McConchie et al., pp.1-7. Somerville, MA: Cascadilla Proceedings Project, 2006.

第四章

英汉数字熟语的常规化映现模式

第一节　英汉数字熟语常规隐喻

第三章讨论了英汉数字隐喻的共性和差异，其原因包括人类共同的生理和神经基础、社会文化经验和认知过程。本章和第五章将结合英汉数字的语义和语用，考察其语义扩展的认知操作过程，包括英汉数字熟语常规化的概念映现模式和在线理解的幕后操作机制。这两章将选取英汉数字熟语为语料基础，因其喻义较为固定，可以反映英汉数字凝固化、概念化的隐喻意义，并作为数字在线理解的前提和基础。本章目的是探索隐喻、转喻在英汉数字熟语语义扩展过程中的作用，在具体使用中，它们以常规化的模式出现，其赖以产生、使用和理解的认知机制往往容易被忽视。

一、英汉数字熟语的常规化映现

关于熟语的界定，学术界没有统一的看法。这里采用较狭窄的定义，熟语为具有字面意义和比喻意义双重意义的凝固化词组，包括成语和惯用语，在提到英语的“idiom”时，一概使用“熟语”一词。数字熟语是含有数字的熟语。数字熟语同时具有数字范畴和熟语的常规性特征，数字的隐喻意已固化为熟语常规意义的有机成分。

（一）英汉数字熟语的常规化映现

在英汉数字熟语语义扩展的过程中，隐喻和转喻同时起着重要的作用。莱考夫（1980）把隐喻看作是人们思维、行为和表达思想的一种系统的方式。[①]昂格雷尔（Ungerer F）和施密德（Schmid H. J.）认为“通过长期建立的常规关系而无意识进入语言的隐喻才是最重要的”[②]。比如表示人体任何部位的词语都有隐喻的用法，汉语中有“山头”、“山腰”、“山脊”、“山脚”，英语中有“arm of a chair”、“arm of a tree”、“arm of a coat”，日常语言中充满了常规隐喻，常规隐喻意义之所以已经成为词汇的部分含义，并收入辞典，是因为通过无数反复的使用和联想，这些意义已成为约定俗成的字面意义，即常规化意义。英汉数字熟语隐喻中有些已成为常规化的隐喻，成为人们隐喻思维体系的一部分，下面尝试以英汉数字典故为例加以说明。

1. 超隐喻和超转喻

英汉熟语有许多都来自于历史事件、名人轶事、神话传说、寓言故事、宗教故事、古人虚构的故事等，这里统称为典故。季广茂认为典故是一种历史化的隐喻，是在神话传说、寓言故事和历史事件等的暗示下，感知、体验、想象、理解、谈论当下事件、情况或环境的心理行为、语言行为和文化行为。[③]这种熟语高度常规化，其来源域和目标域之间的映现关系已变得不那么明晰，大多不为人所知，成为所谓的“死隐喻”，Riemer（2002）称之为超隐喻（hypermetaphor）和超转喻（hypermetonymy），[④]也就是，这些熟语的使用不再依赖原有的场景，其实这只是因为这种映现关系被隐含了。英汉数字熟语中都有这种语言现象，我们以汉英数字典故来说明超隐喻和超转喻的认知力，看下面的例句：

① Lakoff G.& Johnson M. :*Metaphors we live by*, Chicago: University of Chicago Press, 1980, p.5.

② Ungerer F.& Schmid H.J. :《认知语言学入门》，外语教学与研究出版社2001年版，第117页。

③季广茂：《隐喻视野中的诗性传统》，高等教育出版社1998年版，第13页。

④ Riemer N. :"Remetonymizing metaphor: hypercatergories in semantic extension",*Cognitive Linguistics* 12-4，pp.379-401.

(184)他对相声一往情深，心驰神往，每逢假日，就泡在茶社和剧场里，常常是“日以继夜”——听完日场听夜场。

“一往情深”指对人或对事物倾注了很深的感情，向往而不能克制。这里使用的是该熟语的常规化意义，隐喻映现已经不为常人所知了，其使用的语境超越了原有的语境，变为超隐喻。该熟语的来源域来自南朝宋刘义庆的《世说新语·任诞》：“桓子野每闻清歌。辄唤奈何！谢公闻之曰：‘子野可谓一往有深情。’”故事是这样的：东晋时代有个桓子野，他曾和谢玄一道，在淝水战役中，大破符坚百万大军，因此被封为永修县侯。他好音乐，尤爱吹笛，当时没有人能赶得上他。由于爱好音乐，每次听到优美的歌声，他就非常激动。桓子野的好友谢安听说此事，不禁感叹道：“子野可谓一往有深情。”（意思是，子野热烈的感情，一激动就不能抑制。）后来人们将“一往有深情”说成“一往情深”。在熟语形成的过程中，人们只抽取故事中的四个关键字来代表整个典故，在语言使用的过程中，该熟语被多次反复使用于多个类似场合，在多个类似语境中获得了多个类似的特殊含义，人们发现类似语境中有共同的含义“对人或事物倾注深厚的感情”，从而获得该熟语的抽象意义，即规约意义，而熟语和所指的现实事件本身之间的映现变得隐含起来，人们与原来的事件无法建立连接，无法形成映现，就成为超隐喻。这里，“一”意为“短暂”，是整个熟语的有机成分，其本身的意义已不明晰。但是，来源域和目标域之间这种隐含的映现关系是理解该类熟语的关键因素之一，尤其是在第二语言的习得中，学习和掌握这种和历史文化有关的隐喻映现关系更为重要。

(185) —— "There'll be some reason that suits her for taking a lower-paid job."

“她宁愿要薪水较少的工作，总会有个原因。”

—— "I wouldn't worry about Deborah if I were you ——she knows how many beans make five."

“我要是你，我才不为德波娜操心哩——她不是傻瓜，心里有数。”

数字熟语“knows how many beans make five ”意为“精明机灵，不会上当”。此语来源于一个古老的难题，谁都知道五粒豆子就是五，但提问的人会问：“你知道要几粒青豆才能得五粒白豆?”问题的答案仍是“五”,只需把豆子皮剥了就行。在上面的对话中,德波娜“宁愿要薪水较少的工作”似乎没道理,从回答中我们才恍然大悟,回答者显然认为德波娜很聪明。这一熟语中,来源域是解答古老难题一事,由于运用异源思维,问题的答案很简单也很巧妙。典故中呈现出的解决难题的图式映现到现时人物中,这种类比性的联想会使读者认为现时的人物肯定会有过人之处,那么,德波娜看似不可理解的行为也就得到合理的解释,从而完成了意义的建构和话语的理解。

在理解上面英语熟语的过程中,对使用的典故的理解取决于对其来源域知识的了解,这种模式化的知识结构是第二语言习得者最初所不具备的,如不了解以上典故的来源,读者会不知所云。下面的数字熟语也有常规化的特征:

a. 一意孤行(指不接受别人的劝告,顽固地按照自己的主观想法去做。)

来源域:《史记·酷吏列传》:“公卿相造请禹,禹终不报谢,务在绝知友宾客之请,孤立行一意而已。”

b. 一笔勾销(把账一笔抹掉。比喻把一切全部取消。)

来源域:《五朝名臣言行录·参政范文正公》:“公取班簿,视不才监司,每见一人姓名,一笔勾之,以次更易。”

c. 一波三折(原指写字的笔法曲折多变。现比喻文章的结构起伏曲折,也比喻事情进行中意外的变化很多)

来源域:《宣和书谱·太上内景神经》卷五:“然其一波三折笔之势,亦自不苟。”

d. 举一反三(比喻从一件事情类推而知道其他许多事情。)

来源域:《论语·述而》:“举一隅不以三隅反,则不复也。”

e. at sixes and sevens(乱七八糟,杂乱无章;不和;聚讼纷纭)

来源域:赌博掷骰术语

f. come in with five eggs(散布小道消息)

来源域:假如鸡蛋便宜到1便士买5只,其中必有4只是坏的。

g. one buck(推诿，推卸责任)

来源域：扑克牌游戏

h. Two more, and up goes the donkey.（欺骗，欺诈）

来源域：英国乡村集市上常见的一种欺诈活动，原意为：“再有两个便士驴子就要表演啦。”

2. 数字熟语典故的常规化映现分析

从熟语原来典故中的意义到常规化意义的扩展是一个逐渐脱离语境的过程，正如Marmaridou所说：“在脱离语境的过程中语言单位的语义明确化或规约化(semantically specified or conventionalized)。”[①]虽然数字熟语典故的常规化程度不同，但来源域中的故事和目标域的认知映现依然是数字熟语意义建构的重要心理过程。特纳(Turner M.)曾谈到典故的认知力，认为叙述想象(narrative imagining)是思维的基本工具，典故包含了预测、评估、计划、解释、故事(包括主人公和事件)、映现、转喻、图式和概念整合等功能。[②]下面以汉语数字熟语为例具体说明：

(186)谣传公司要裁员，搞得人心惶惶，真是“三人成虎”啊！

汉语“三人成虎”意思是说的人多了，本来没有的事情也会使人信以为真。比喻流言足以耸动视听。“三人成虎”的来源域来自《战国策·魏策二》：“庞葱与太子质于邯郸，谓魏王曰：‘今一人言市有虎，王信之乎？’王曰：‘否。’‘二人言市有虎，王信之乎？’王曰：‘寡人疑之矣。’‘三人言市有虎，王信之乎？’王曰：‘寡人信之矣。’庞葱曰：‘夫市之无虎明矣，然而三人言而成虎。今邯郸去大梁也远于市，而议臣者过于三人矣。愿王察之矣。’”又《秦策三》：“闻‘三人成虎，十夫揉椎，众口所移，毋翼而飞。’”《淮南子·说山训》：“众议成林，无翼而飞，三人成市虎，一里能挠椎。”此熟语的映现图式如下：

---

① Marmaridou.S.S.A.:*Pragmatic Meaning and Cognition*, Amsterdam: John Benjamins Publishing Company, 2000, p.52.

② Turner M. :*The literary mind*, New York: Oxford University Press,1996, pp.3-10.

来源域	→	目标域
虎	→	裁员
本来无虎	→	本无裁员之事
三人均言有虎	→	多人谣传裁员
相信有虎	→	相信裁员是真
三人成虎	→	谣言成真

从上面的映现图式可以看出隐喻映现的推理过程，即该熟语的理解过程。二者之间有一种相似性和类比关系，“虎”和“裁员”都有权利的威慑力，“三人均言有虎”和“多人谣传裁员”的事件推理过程也相似，时间和空间发生了变化，因而完成“三人成虎”和“谣传公司要裁员”事件之间的隐喻映现，典故中的整个故事结构被映现到现实事件中去，通过叙述想象和映现过程，达到对意义的建构。可以看出，来源域中的“三”映现为目标域的“多”，体现了“三”的原型意象。由以上分析可知，了解数字熟语的来源域有助于更深入地理解其常规化的隐喻意义及其言语过程中的具体使用。

再看以下例句：

(187)孤向日曾梦三马同槽，疑是马腾父子为祸；今腾已死，昨宵复梦三马同槽，主何吉凶?(罗贯中《三国演义》)

(188)三马同槽终误国，二龙见井尚吟诗。(顾馀《咏古四律》)

(189)女婿比较灵活，一看形式不妙，三十六计，走为上计，溜之大吉。(余易木《初恋的回声》)

熟语“三马同槽”出自《晋书·宣帝纪》:“曹操又尝梦三马同食一槽，甚恶焉。因谓太子丕曰：‘司马懿非人臣也，必预汝家事。’”“三马”指司马懿、司马师、司马昭；“一槽”指曹氏。来源域是司马懿父子三人将篡夺魏的政权。后以“三马同槽”喻外姓谋位。

“三十六策，走是上计”谓局面已无可挽回，别无良策，只能一走了事。出自《南齐书·王敬则传》："是时上疾已笃。敬则仓卒东起，朝廷震惧。东昏侯在东宫，议欲叛，使人上屋望，见征虏亭失火，谓敬则至，急装欲走。有告敬则者，敬则曰：'檀公三十六策，走是上计。汝父子唯应急走耳。'"①

"三马同槽"和"三十六计，走为上计"来源于中国历史事件和人物，它们的来源域是历史故事的框架，和"三人成虎"相似，来源域的故事框架在具体言语过程中仍然起着重要的引导作用。离开该框架，就无法全面、深入地理解这些数字熟语的隐喻意。

类似以上数字熟语中所包含的凝固化的隐喻概念以及映现关系存储在说汉语的人的长时记忆中，成为模式化的固定结构，从认知心理学的角度讲，这种长时记忆中所存储的信息是我们过去所经历的各种经验和体验以及有关世界上的各种知识，为我们的一切活动、行动提供必需的信息基础，使我们能够识别各种模式。在该熟语的应用过程中，也就是在具体语境中，保存在长时记忆中的信息会被提取到短时记忆中，并且通过对问题的解决、决策等过程来实现当前的任务，即完成该熟语的语义扩展。

（二）文化模式的制约作用

文化模式是一个民族最具代表性的各种文化经验感知和习惯，正如本尼迪克特（Benedict R.）所说："一种文化，就象（像）一个人，或多或少有一种思想与行为的一致模式。每一个文化之内，总有一些特别的，没必要为其他类型的社会分享的目的。"②不同文化模式下的约定俗成对数字隐喻的理解起着原型参照的作用，制约着数字隐喻的常规化映现，相同的数字在英语和汉语中有迥异的理解。如：

（190）We've been at sixes and sevens in the office this week.

这周我们办公室里乱糟糟的。

英语熟语"at sixes and sevens"意思是"乱七八糟，杂乱无章"，还有"七嘴八舌，

①罗竹风：《汉语大词典》，上海辞书出版社1986年版，第172页。

②[美]露丝·本尼迪克特：《文化模式》，何锡章、黄欢译，华夏出版社1987年版，第36页。

众说纷纭"之意。该熟语出自掷骰子游戏，正规的骰子应该是正六面体，各面上所刻的点数为一至六点。如果掷骰者能用两个骰子一次掷出一个六点和一个七点，则其骰子的制作是混乱的，不规矩的。数字"6"多出一个成为"7"，这显然是多余的，不合规范的，由此引申出"杂乱无章"的意义。这一熟语植根于西方的文化习俗，彰显了一种古老的赌博文化，骰子、骨牌、纸牌上的点数已成为英语基本数字1—10的义项。

汉语中的"七"是奇数，汉民族有崇尚偶数的文化心理，而且"七"与中国祭奠死者的文化传统有关，含"七"的熟语常常有贬义的联想，如"七病八痛"、"七横八竖"、"七断八续"、"七病八灾"、"七残八败"、"七长八短"、"七颠八倒"、"七高八低"、"七棱八瓣"、"七零八落"等等。而以英语为母语的民族崇尚奇数，"六"是令人讨厌的偶数，汉语中有"六六大顺"之说，而英语中"666"被称为"the number of the beast(兽数)"，极言其邪恶。此语出自《圣经·新约·启示录》(*Revelation*, 13:18)，耶稣基督的使者约翰受上帝晓谕，在《圣经·新约·启示录》中预言：世界末日到来之前，魔鬼将在世间猖狂横行，表现为一群怪兽。怪兽的数目是可以计算的，它的数目是666。

英语和汉语的数字"6"和"7"具有同源异流的性质，奇偶作为数学概念本无差别，但在各自文化的浸润中突显了不同的选择和侧面，在熟语"at sixes and sevens"和"the number of the beast"中，我们看到的是典型的西方赌博方式和来自宗教观念的习俗，在这种背景(ground)下，两个数字熟语的含义"杂乱"和"邪恶的数目"作为图形(figure)被突显出来，因而在认知上比较显著。在汉语中对"七……八……"形式的数字熟语的理解中，汉民族崇尚偶数的文化心理和独特的丧葬习俗是理解的背景。

又如"forty acres and a mule"，该熟语来自美国南北战争期间，美国南部黑人梦寐以求的就是"ten acres and a mule(10英亩地一头骡)"。1865年1月16日战争结束前三个月，谢尔曼将军下达了一条特别的军令：Every family shall have a plot not more than forty acres of tillable ground.(每个家庭应得到一块不超过40英亩的可耕地。)这一道命令使许多南方黑人相信在南北战争结束后，他们会得到解放，他们的主人的庄园将被没收并分给他们，于是出现了这一条新短语，用以比喻梦想的富裕生活。此熟语的规约意义是由来源域中的图像图示转喻而成。

诸如上例中所展现的文化模式是整个语言社团(language community)所共享的，而不是个人的，对说本族语的人来说，语言符号由历史性的任意性转化为可见的心理认同，从文化的表现形式中可以寻出它们的理据，他们理解得更好，而对说汉语的英语初学者来说是有一定困难的。从上面的讨论中可以看到，大部分的隐喻映现是从人类的基本经验到抽象的思维活动，其中，文化模式制约着英汉数字熟语的常规化。

二、以相似性为基础的隐喻映现

(一) 以数觉为基础的相似性

张辉(2003)认为在汉语数字熟语的意义扩展中，有两种隐喻映现关系，一种是以相似性为基础的映现；另一种是以经验相关为基础的映现。[①] 这里主要讨论前者。在以相似性为基础的映现中，熟语的来源域和目标域之间存在感知的共现(cooccurrence)。

Sweestser[②] 曾分析了英语和印欧语言中有关"视觉"的隐喻。他认为视觉动词一般具有心理活动的抽象意义，比如：A.物理视觉=知识、智慧 B.物理视觉=心理"视觉"。例如："look down on(轻视)"、"look up to(尊敬、敬佩)"、"look upon(仰慕；看待，认为)"等。T•丹齐克认为"数觉"和"计数"不能混为一谈，"数觉"是人的一种才能，由于人有了这种才能，当在一个小的集合里边，增加或者减去一样东西的时候，尽管他未曾直接知道增减，他也能够辨认到其中的变化。[③] 可见，"数觉"

① 张辉：《熟语及其理解的认知语义学研究》，军事谊文出版社2003年版，第77页。

② Sweetser E.:*From etymology to pragmatics: Metaphorical and cultural apects of semantic structure.* Cambridge: Cambridge University Press, 1990,pp.32-34.

③ [美]托比亚斯•丹齐克：《数，科学的语言》，商务印书馆1981年版，第1页。

是人对数的心理感知，与其他心理感知是相通的，如视觉数觉，若你一进入一间屋子，一眼就能看出屋中的人比平常要少些，也许某个熟悉的面孔没出现。再如，五粒豆子排成直线，乍看也许不容易辨别究竟是四粒还是五粒，但若排成梅花形状就容易多了。另外，耗费体力所带来的生理上的疲劳也有助于正确估计数量，比如上楼梯，三层和十层的感觉会迥然不同。正是人这种心理上对数的感知使人类得以用数的概念描述人和世界万物的性质和种种关系，以及人的心理世界（如观念、思想等）的种种无形关系，如与数概念有关的各种抽象意义，像分类（包括比较、等价、异同、分配等表关系的概念）、排序（包括循环、变化等概念）、测量（各种数量关系如大小、轻重、长短、厚薄、深浅等）。

如数字“一”是整数，是最大的整数，引申出“同”义来描述事物之间的关系，汉语有“一视同仁”，表对人不分亲疏，用数来规范、衡量人际关系，是人的价值观的体现；“一天星斗”和“一身是胆”中的“一”是“满”的意思，由“一”的整体性而来，是数字隐喻由物理数觉到观念上的抽象数觉；“一往无前”和“一望无际”中的“一”意为“一直”，再如“一如既往”和“一改故辙”中的“一”意为“全，都”，以上是人们隐喻地将客观世界和心理世界数量化的表现，从物理数觉到人类对世界各种关系的描述之间存在着相似性，通过类比和心理联想实现跨域映现。汉语中类似的例子还有：

（191）然才不出众，德在人下，存亡去就，如九牛一毛耳。（王维《与魏居士书》（表比较）

（192）只见余火尚存，烟焰未熄，烧得七狼八狈。（《封神演义》）（形容困顿，狼狈不堪，量化困顿的程度）

（193）陈虎冷峻地说：“孙瑞，你看你现在变成了什么样子，三分像人，七分像鬼，这是你贪图钱财，依附权势，为虎作伥的下场。（表对比）

（194）焦大郎家事原只如常，经这一番大弄，已此十去八九。（《二刻拍案惊奇》）（表比例）

（195）于是，不管三七二十一，扑里扑腾就挥起镰刀。（计算法则：乘法）

(196)夫富强之术,不得其人不行;得其人,而任之不专,不行;任之专而惑于人言,二三其意,又不行。(《东周列国志》)(表分配)

(197)You are a fool of the first water.

你真是个大傻瓜。(表程度,以“first”表第一流,最)

(198)David, not one man in a thousand would have forgiven you as he has done.

大卫,很少有人会像他那样宽恕你。(“one man in a thousand”意为千里挑一;稀有的。)(表比例)

(199)The boy has taken too much dirty water, and twenty to one he will be sick.

那孩子喝了不少脏水,十之八九要生病的。(表比例)

(200)You and she are two, I hear.

听说你俩意见相左。(表差异)

(201)On these points only are we at one.

我们仅在这几点上看法一致。(相同)

(202)Anybody with brains enough to know that two and two make four could have guessed the outcome of that situation.

任何一个有点头脑,知道二加二等于四的人都是能够把结果猜出来的。(计算法则:加法)

(203)Seventy times seven did I take counsel with my soul.

我在内心深处不知考虑了多少次。(计算法则:乘法)

从以上实例中可以看出英汉数字熟语中都有类似的数字隐喻现象,基于人类普遍存在的数觉基础上的各种物理特征被映现到其他认知域,成为人们常规化的概念形成方式。

(二)汉语中含“数”和“算”和英语中含“number”的词语中的隐喻

在《汉语大词典》和《英汉大词典》中选取含“数”、“算”、“number”的词语做比较,可以看出与数有关的隐喻运用。汉语“数”的意义中除了数的本义“数字,计数”

之外，主要还有以下意义：

a. 查点(数目)；逐个说出(数目)

数拾(查点；收拾) 数白道黑(卖弄口舌) 数白论黄(计较银钱) 数筹定点(数筹码计算时间) 数冬瓜，道茄子(尽情谈论各种事情) 数米而炊，称柴而爨(比喻吝啬之极)

b. 比较起来最突出

数不着 数得上

c. 枚举；列举

不可胜数 历数其罪 数之于前 数往知来

d. 数落，责备

数驳(方言。责备；教训) 数骂(数落责骂) 数说 数道(责难，责备)

e. 气数，命运

命数 数奇(命运不佳，遭遇不顺) 数命(命运) 数尽禄终(死亡) 数劫(厄运)

以上词汇表明汉民族自古以来对数的重视，他们将数的观念应用到社会文化生活的各个领域，数成了衡量万事万物的工具，数可用来计量时间、人的性格、命运等抽象概念。而且"数"和"算"还有密切关系，汉语里含"算"的词汇也很丰富，隐喻意义主要有"谋划、计划、推测、认作、当作、承认有效力、作罢、不再计较"。例如：算得、算卦、算计、算命、算是、算账、算无遗策、暗算、推算、说了算、算进、算计弗通(考虑不周；谋划失误)、算度(分析，判断)、算略(谋略)、算划(计划，谋划)、算部(指寿命)、算发(年龄不大而白发多)等。

比较英语中含"number"的词语：

a. Number Ten (英国伦敦唐宁街10号)首相官邸

b. number two 副主席，第二把手

c. a back number 过期的刊物，过时的人物，[喻]落伍者

d. among the number 在其中，包括在内

e. big number [美俚]要人，大亨

f. by the numbers 合拍地；以规定的动作按“一，二，一”的口令齐步走；系统地；按常规地；机械地；不动脑筋地

g. do a number on [美俚]取笑，戏弄；贬低，诋毁；欺骗，把……引入歧途

h. get sb.'s number [俚]把某人了解清楚；弄清某人的弱点；摸透某人的底

i. have sb.'s number 对某人的能力[性格]心中有数

j. have sb.'s number on it [美俚]注定要结束某人的生命

k. lose the number of one's mess (英海军行话)死，“报销”

l. one's (lucky) number comes up [口]走运

m. one's days are numbered 活不久了，寿命不长了

n. one's number is up [口]某人寿数已尽，轮到某人遭殃(受罚)

o. opposite number 对等人物；对等机构(地位，用具，出版物，词语)

p. look after number one(take care of number one) [口]照顾自己的利益，为自己打算

英语含“number”的词语里也大量存在隐喻现象，从中可以很清晰地看到数字物理特征作为来源域到目标域的映现，这种映现以相似性为基础。和汉语相比，英语中含“number”的熟语的隐喻意义属非正式语言表达的较多，就词性变化角度看，除本义之外，英语“number”隐喻义词性较为单一，主要有“列举”、“编号”等，而汉语的“数”和“算”还有“责备”、“比较”等义，这说明汉语中数字隐喻化程度较高。

第二节 常规的转喻映现与英汉数字熟语

一、转喻的认知基础:框架和概念邻近

转喻和隐喻不同,隐喻是以事物间的相似联想为心理基础,是从一个领域投射到另一个领域的认知方式,其主要功能是对事物的描述;转喻的本质是以事物间的邻近联想为基础,在同一认知域内用突显、易感知、易记忆、易辨认的部分代替整体或整体的其他部分,或用具有完形感知的整体代替部分,其主要功能是对事物的指称。[①]换言之,转喻是发生在邻近(contiguity)而不是类似(similarity)的概念之间。所谓邻近,是指一种唇齿相依的关系。莱考夫和约翰逊指出,隐喻与转喻是两种同样重要的思维方式,转喻的实质也是概念性的(conceptual)、自发的、无意识的认知过程,是丰富语言的重要手段。[②]

(204) Matters of inferior consequence he will communicate to a fast friend, and crave his advice, for <u>four eyes see more than two.</u>

不太重要的事他就告诉一位忠于他的朋友,征求他意见,因为一人不抵两人智。

上例中,"eyes"代表人,用人的身体器官代表整个人。

为了解释转喻的认知基础,必须引入框架语义学的"框架"概念(Fillmore

①束定芳:《隐喻和换喻的差别与联系》,载《外国语》2000年版第3期。

②Lakoff G. & Johnson M.: *Metaphors we live by*, Chicago: University of Chicago Press, 1980, p.36.

1985)。框架是非语言的、概念的整体,它可为邻近性的界定提供一个较明确的参照,因此邻近性是一个框架成分之间和框架作为一个整体与其成分之间的关系。①框架和邻近性具有格式塔的特点,从这一角度看,转喻具有图形/背景的效果。Koch(1999)指出,一个词语所指称的概念是以邻近概念为背景的图像。当某一概念在框架和其他概念的背景下得到烘托、得以突显,就会发生转喻现象。②

例如汉语"杞人忧天",典出战国列御寇《列子•天瑞》:"杞国有人忧天地崩坠,身亡所寄,废寝食者。"后来以此来比喻毫无必要的担忧。这里,整个熟语是隐喻性的,由于这个故事,"杞人"和"忧天"形成一个故事框架,在这个框架中,"杞人"和"忧天"成分具有邻近性的概念(杞人担忧天崩),这样就形成了"具体代表一般"的转喻。

根据上面的分析,可以把人对客观世界的知识看作是有结构的框架,框架是由部分组成的整体,转喻映现发生在整体和部分之间或各部分之间。

二、英汉数字熟语常规转喻映现的类型

在认知语言学框架内,对转喻较系统的分类是雷登和考维塞斯(1999,2002)提出的。他们将转喻分为两大类:整体与部分,以及整体的部分之间互换而产生的转喻。张辉(2003)认为在汉语熟语中,整个框架和其部分之间的转喻映现表现为五种类型:事物和其部分之间的映现、事件框架的映现、范畴和其成员之间的映现、范畴和其特征之间的映现和紧缩框架映现,③这里重点讨论前四种类型。

(一)事物整体和部分之间的映现

这种转喻在英汉数字熟语中大多表现为事物的一部分代表整个事物。这类熟语是框架中的实体被转喻突显了,例如在"一手遮天"中,"手"代表整个人;在"一抔

① Fillmore C.:"Frames and the semantics of understanding". *Quaderni di Semantica*1985(2), pp.222-252.

② Koch P. :"Frame and contiguity: On the cognitive bases of metonymty and cetain types of word formation",In Panther K-U. & G. Rudden. (ed).1999.

③ 张辉:《熟语及其理解的认知语义学研究》,军事谊文出版社2003年版,第89页。

黄土”中，“黄土”代表整个坟墓。其他类似转喻还有：“一手一足”、“一手包办”、“一耳之听”、“三只手”等。

英语数字熟语中，这类转喻很常见，如“third ear(告密者)”中，用“ear”代表整个人；“three balls(三金球)”，三金球原为意大利伦巴第(Lombard)地方梅迪齐(Medeci)家族的家徽，该家族以高利贷闻名。这里用当铺的招牌代指当铺。

其他的例子还有：

a. four-eyes 戴眼镜的人

b. two-faced 搞两面派的

c. two minds with but a single thought 两人想到同一问题上去了(“头脑”代指人)

d. four eyes see more than two 两个人比一个人看得清楚(“眼”代指人)

e. One hand washes the other 互相帮助；互相利用(“手”代指人)

f. Four Hundred 最时髦或最杰出的社交界(因为美国社会登记处曾经只列出四百个人名，此处用“四百”代指全部上流社交界)

此类转喻还多用于委婉语，如上面提到的“三只手”，英语数字熟语中这种用法更为突出。如“Four seams and a bit of soap”指裤子，“seams”是裤子上的缝线。因为“trousers(裤子)”在几个世纪以前的英国被视为粗俗的字眼，是不能登大雅之堂的。其他如把同性恋者(homosexuality)称为“three-letter-man”，把说粗话称为“four-letter word”。

(二) 事件框架映现

事件整体可代表事件的一部分(准事件)，而事件的一部分(准事件)可代表事件整体。汉语中有大量的数字熟语来自某一历史事件、神话故事和寓言等，数字熟语常常是整个事件的浓缩，用最突显的事件部分来代指整个事件。如：

“二桃杀三士”：《晏子春秋·谏下二》里记载了这样的故事——春秋时，公孙接、田开疆、古冶子三人臣事齐景公，均以勇力闻。齐相晏婴谋去之，请齐景公以二桃赐予三人，论功而食，结果三人弃桃而自杀。这里截取了事件的核心部分“二桃杀三士”代指整个事件，比喻施用计谋杀人。

“此地无银三百两”：来自民间故事——古时候，有个人钱很多，怕放在家里不保险，就悄悄拿出去埋起来，然后还觉得不踏实，就在埋银子的地方写了一张字条：“此地无银三百两”。邻居王二看见字条，就把银子挖出来，又生怕别人怀疑他，即写了“隔壁王二不曾偷”的字条放在地上。结果王二偷银子的事很快被发现了。“此地无银三百两”是事件中的关键部分，后用来比喻想要隐瞒、掩盖，结果反而愈加暴露。

其他还有“四面楚歌”、“一叶障目”、“一箭双雕”、“一鼓作气”、“再衰三竭”、“一鸣惊人”等。

英语中此类转喻更多地来自宗教故事、历史事件、文学作品等，如：“from the four winds（四面八方；无影无踪）”，出自《圣经·旧约·以西结书》。以西结在上帝的指引下来到枯骨遍地的山谷，遵照上帝的命令对枯骨说预言。只听见一阵骚动，骨头彼此连结起来，接着开始生津长肉，包上一层皮，但是躯体没有呼吸。上帝对他说：“你要向风发预言，说上帝如此说：‘气息啊，要从四方而来，吹在这些被杀的人身上，使他们复活。’”这里“from the four winds”是事件中被强调的一部分。

另一条数字熟语“Catch-22（第二十二条军规）”出自20世纪美国作家约瑟夫·海勒（Joseph H.）1961年出版的超现实主义小说《第二十二条军规》。该小说以二战期间美国驻意大利的一个空军大队为题材，揭露了美国军队中无情的官僚体制。小说的主人公约萨利安（Yossarian）是基地的轰炸手，早就超额完成了自己的飞行任务。然而第二十二条军规规定：只有精神失常者，才可停止飞行，并须由本人提出申请。这条诡诈的军规还规定：飞满三十二次者，可不执行飞行任务。然而司令一次次将限额改变，在未获准停飞时，飞行员仍须执行飞行任务。约萨利安终于明白，第二十二条军规实质上是个圈套（catch）。后来，此语表示叫人左右为难的规定，难以逾越的障碍，无法摆脱的困境；令人无法摆脱的不公正规章制度。那么，数字熟语“Catch-22”浓缩了种种不公平的规定，是原框架中的突显部分，代表了整个事件。

（三）范畴和其成员之间的转喻

范畴和其成员之间的关系是整体和部分、类属和具体之间的关系。任何一类物体的任何具体的例示都会使我们想起这一类物体，例如，一只牛可以使我们想起牛的类属。汉语中和中国历史文化有关的数字熟语有很多为此类转喻，如“三迭阳关”、“七步之才”、“三纸无驴”、“一箪一瓢”、“八拜之交”、“十里长亭”、“一箭双雕”等，它们的共同特点是通过具体的历史事件表达了对一般情况的理解，即熟语的比喻意义。汉语数字熟语中有来自数学术语的转喻，它们以数学中的运算法则作为各种概念的具体形象和示例，如：

a. 半斤八两（转喻为“对等”）

b. 一五一十（转喻为“原原本本、清楚而无遗漏”）

c. 小九九（转喻为“善于算计”）

d. 三折二（转喻为“讨便宜”）

e. 三下五除二（转喻为“快捷、简便”）

f. 一加一等于二（转喻为“简单明了”）

g. 一退六二五（转喻为“推个干净”，如十六两制中除去一两，珠算口诀为 0.625，“退”与“推”有谐音）

h. 一百百（转喻“完全，圆满无疵”）

i. 九百（古以“千”为整数，不满千的“九百”即引申为“不全”，用来转喻“神智不全”）

j. 二百五（“五”古义中被称为整数，五百、五十又是五的整倍数，也同样有整体义，“二百五”转喻为“头脑不健全”，引申为“虑事不完密、粗鲁或半瓶醋”）

k. 二五眼（转喻“眼光不全面”，俗谓“眼力打折扣”，引申为“能力差”）

英语中虽然也有来自数学运算法则的熟语，如“Two and two make four（这是简易的计算；这是事实；这是不言自明的事）”，但并不常见。英语中更常见的是由具体意义转为一般普遍意义的转喻，如：“the Four corners of the earth /world ”指远离世界中心的区域，天涯海角；“all between two stools ”指两头落空；两边都不讨好（一个人如果可在两只凳子中任选一只来坐，但却举棋不定，不知到底坐哪只好，那他就可能掉到两只凳子之间。）另外还有：“A stitch in time saves nine.（小洞不补，大洞吃苦。）”、“A bird in the hand is worth two in the bush.（ 双鸟在林不如一鸟在手）”、“A cat with nine lives（富有生命力的人；逃离险境的天才）”等。

以上英语和汉语中的转喻映现是抽象意义上的部分到整体、具体到一般的转喻过程。

（四）范畴和特征之间的转喻

特征可被隐喻性地看作是范畴本身，又可被人们转喻性地看作物体的一部分。作为范畴一部分的突显特征有时可以代表整个范畴。如汉语“五花八门”中“五花”和“八门”分别指“五行阵”和“八门阵”，都是古代战术中变幻多端的阵势，现比喻事物的变化莫测、花样繁多，“五花八门”是范畴的特征，代指所有多变幻的事物。

再如“五劳七伤”，以“五劳”（五脏劳损，指心劳、肝劳、脾劳、肺劳、肾劳）和“七伤”（七种损伤，指喜、怒、哀、惧、爱、恶、欲七情过激所导致的损伤）代指所有诸虚百损的疑难杂症。另如“一鸣惊人”、“八拜之交”、“五体投地”、“三足鼎立”、“五音不全”、“九转功成”、“九天九地”、“六宫粉黛无颜色”等都是以范畴特征代指整个范畴，是一种转喻映现的关系。

下面是英语中的例子：

a. seventy-eight 每分钟转速为七十八转的唱片

b. thirty-three 每分钟转速为三十三转的唱片

c. fourplex 一栋由四套分离式住宅构成的建筑物

d. Nine-to-five 白领阶级，朝九晚五工作的人

e. forty deaths 万分危险

f. Big Five 五大银行（英国 Midland Bank, Lloyds Bank, Barelays Bank, Westminster Bank, and National Provincial Bank）

g. Five hundred 五百分纸牌戏；以得五百分为胜局的游戏

h. Fives（英式墙手球，一种在三面或四面围有墙的场地上用戴手套的手或球拍对墙击球的球戏，fives 指一掌的五手指）

英语中有大量此类的数字熟语，转喻映现是丰富词汇的重要手段之一。

三、英汉数字熟语常规转喻映现与认知原则

兰盖克（Langacker R. W.）指出了规约转喻的两个重要原则：认知原则和交际

原则。[1]下面重点分析认知原则在英汉数字熟语常规转喻映现中的作用。

兰盖克(1993)认为相对突显(relative salience)是一条重要的认知原则。一般表现为:人类＞非人类;整体＞部分;具体＞抽象;视觉＞非视觉等。根据兰盖克的观点,认知原则包含三个方面:人类经验、感知选择和文化偏好(Radden & Kövecses 1999)[2]

人为了生存,在和世界相互作用中形成了基本的经验,这些经验以人为中心,认为人类优于非人类、主观优于非主观、具体先于抽象等,这些原则制约着数字熟语的来源域和目标域的选择。英汉数字熟语中有许多来自具体的历史故事、宗教故事、民间传说、文学形象等等,如上面提过的例子"二桃杀三士"、"此地无银三百两"、"from the four winds"和"Catch-22"等,都是源于具体先于抽象的思维。

还有一些和感知突显(perceptual salience)有关,感知突显决定了我们体验这个世界的方式。我们的感知器官总是把注意力集中在我们附近和周围的事情和事物上。

文化偏好(cultural preference)也是制约数字熟语来源域的重要原则。英汉数字熟语都蕴涵了丰富的文化信息,具有鲜明的文化特征。莱考夫(1987)指出,一个范畴的某些成员就某些层面而言比其他成员更加突显,这些层面或多或少是由一种文化决定的,这些层面包括典型优先于非典型、理想的优先于非理想的、中心优先于边缘、基本的优先于非基本的以及重要的优先于不重要的等。雷登和考维塞斯(1999)更加深入地探讨了文化偏好,考维塞斯(2005)的最新研究认为在认知过程中,身体经验有时可以被忽视,很多隐喻是建立在文化思考和认知的过程中,并提出了跨文化的隐喻变异性理论,文化模型作为人类的文化经验,制约着隐喻的创造过程。在很多情况下,基于相同生理机制,人的身体行为在不同文化(次文化)中会有不同的识解(construal),称为不同的意义聚焦(meaning foci),[3]这一概念,在认知隐喻研究方面赋予了文化更多的角色。我们认为这种观点也适用于对英汉数字

---

① Langacker R.W. :"Reference-point construction", *Cognitive Linguistics*, 1993 (4).

② Radden G. & Kŏvasses Z. :"Towards a theory of metonymy", In Panther & Radden. *Metonymy in Language and Thought.* Amsterdam: John Benjamins, 1999.

③ Kövecses Z.:*Metaphor in Culture: Universality and Variation,* Cambridge: Cambridge University Press, 2005.

熟语转喻映现的解释。

中华文化对“数”有偏爱、崇拜甚至迷信。在中国哲学、文学，乃至生活习俗里，诸如“一”、“三”、“六”、“八”、“九”、“十”等数字的象征比喻意义根深蒂固，汉民族对数字的认知识解与汉语文化紧密相关，从某种意义上来说，汉语数字是由文化建构的，某个数字在汉文化中常常引起某种观念的联想，形成了在某一框架下某一数字和事物的邻近关系，在此基础上形成了常规的转喻映现关系，这种映现在很大程度上由文化上的偏好决定，有着独有的意义聚焦。

“一”在汉语中含有哲理意义，列为《汉语大词典》中为“一”的义项之一：“哲学用语。我国古代思想家用以成宇宙万物的原始状态。”“一”在道家看来是本体论意义上的宇宙创生以及辩证法意义上的运动变化体系，“一醉方休”、“一叶落知天下秋”、“以一当十”、“一语天然万古新，豪华落尽见真淳”、“九九归一”、“千圣同源，万灵归一”、“万物之生，俱得一气”等中的“一”均是由具体到抽象化的转喻。

“九”在中国古代被看作是神秘的数字，起初是“龙”形的图腾，龙之形，展现的正是刚健与神奇的英姿，那是具有无穷的创造力和开拓进取精神的象征，是特定意义中对事物起着决定作用的阳刚之美的象征，乃至升华为历代王朝最高权力的象征，于是中国古代帝王为了表示自己神圣的权力，竭力把自己同“九”联系在一起。于是有“九五之尊”、“九霄云外”、“九州方圆”、“九天揽月”、“九品中正”、“九品莲台”、“九鼎大吕”等都是在汉文化下的转喻映现。

汉语中这些数字的比喻意义经过反复使用已经成为凝固化的规约意义，所以含有这些数字的汉语数字熟语常常具有常规化的转喻映现。

通过对英语数字熟语的考察，发现英语中的意义聚焦之一是在西方文化中影响深远的宗教文化，尤其是基督教文化，具体表现为宗教教义和各种宗教活动的影响渗透到说英语的人的文化的各个角落，它无所不在，如“Three in One”指宗教的三位一体；“One above(the Holy One)”指上帝；“the Evil One”指魔王，撒旦；“Four Horsemen”是《圣经》中的四骑士，转喻战争、饥馑、瘟疫、死亡四大害；“seven long years”出自《圣经》，意思是漫长的七年，转喻为漫长的时间或学徒期；另外对“baker's dozen(十三个)”禁忌的来源有多种说法，较为人熟知的是来自于《圣经》中的耶稣和门徒最后晚餐的故事。

另外一个意义聚焦是西方民间娱乐文化骰子或纸牌游戏，英语权威词典中对从“one”到“nine”的释义中，骰子上的点数均被列为其中的义项之一，这应该不是偶然的，充分说明了此类意义的常规化。前面提到的数字熟语“at sixes and sevens（乱七八糟）”被认为来自骰子游戏，此语可看作是从范畴特征到范畴整体的转喻；“one buck（推诿，推卸责任）”又作“pass the buck”，“Buck”指庄家的标志，把庄家标志传给别人，也就是把发牌的责任传给别人，因此转喻为“推卸责任”；“four flush”原义为4张同花的一手牌，转喻为“以假象唬人”。

就数字熟语的来源域来看，汉语多为中国古代的历史故事、历史人物、寓言故事、民间传说、文化典籍、戏曲、小说、杂记等等，而英语则偏重于宗教故事、神话传说、文学作品（如莎士比亚）、社会生活、政治制度、民间习俗等等，汉语数字熟语表现为较高程度的常规化，而英语数字熟语中有相当一部分来自19和20世纪的社会事件和文学作品，如前文提到的“Catch-22（第二十二条军规）”，另外一个熟语“high five”意思是两人击掌，来源于爵士音乐乐师的话，转喻为“欢迎”，自20世纪30年代起就十分流行。在欢迎客人时，主人伸出手，掌心向上，客人掌心向下击在他手心上。然后反过来再做一次，即主人击客人的手掌。这些数字熟语已经被人们广泛使用。

第三节 英汉数字熟语的语义扩展路径

一、英汉数字熟语语义扩展的认知操作

从具体语料的分析可以看出，在英汉数字熟语的语义扩展中，隐喻和转喻是两种主要的认知操作，它们同时起着重要的作用，有时很难区分到底是哪一种起着主导的作用，一个熟语有时可以做隐喻和转喻两种解释和理解。如"two-faced(搞两面派的；伪善的，口是心非的)"来自罗马神话，伊阿努斯是守护门户的神，有两个面孔，能同时看守前后两面。这个熟语中"两个面孔"映现为"两面派，伪善"，也可以看作由范畴的特征到整体范畴的转喻。

由于数字熟语隐喻意义的常规化，有时有些隐喻和转喻会变为超隐喻和超转喻，它们的初始来源域变得隐含了，但如果对其一无所知，那么熟语的理解将无从谈起。因此，数字熟语常规化隐喻和转喻的来源域在听话人对该熟语的理解方面起着不可替代的作用。

二、数字熟语的隐喻(转喻)化

英语和汉语中的部分数字熟语存在常规化较高的隐喻和转喻映现，这种思

维已成为一种习惯，不为人察觉，其中，某些数字也已作为其不可分割的有机成分，表达着宇宙虔敬化的古老观念，由数延伸出的吉祥、完美、神性、对立等概念已高度常规化，这种描述世界的基本体系似乎已隐退到人类思维的深处，但是，它们仍然决定和引导着人们看待世界的最根本观念，唤醒并深入了解其来源域对数字熟语的运用有重要意义。托波罗夫称这种数字的常规化含义为"数字的语义化"，[①]那么，从认知语义学的角度来看，这种"语义化"即数字的"隐喻化"，除了这些最基本的常规化的数字隐喻和转喻，由于各种文化因素的影响，某些数字不断被赋予新的隐喻和转喻意，例如美国英语中有很多数字熟语是现代工业文明的产物，如"Fifth Avenue（第五大道）"指纽约曼哈顿第34街到第59街这一片区域，街上到处都是百货商店以及各种商铺，这里也是万圣节游行的必经之地。每年的万圣节游行也成了人们展示春装的大好机会，第59街北边与中央公园接壤，已成为博物馆与富宅所在之地。"Fifth Avenue"现已成为高贵与富有的象征。再看以下实例：

（205）They bring us to the 64 000 dollar question: by what standards are films selected these days?

他们向我们提出了一个重要问题：即当前挑选影片的标准是什么？（转喻映现）

（206）"The only seven-year itch I've got is the itch to go on for another seven", said Margaret Thatcher.

"我唯一的'七年之痒'就是想再执政七年"，玛格丽特·撒切尔说。（隐喻映现）

（207）...Conscious of the rightness of our cause, let us knock the enemy for six.

认识到我们的事业的正义性，让我们给敌人以毁灭性的打击吧。（隐喻映现）

① B·H·托波罗夫：《神奇的"数字"》，魏哲译，载《民间文学论坛》1985年版第4期。

(208) Most courses have been completely unplayable, except the nineteenth hole.

大多数高尔夫球场已经完全不能用了，只有这里的酒吧间是例外。(转喻映现)

(209) She didn't like working nine to five.

她不喜欢当上班一族。(转喻映现)

例(205)里"the 64 000 dollar question"原指第二次世界大战期间美国广播电台流行的有奖答题节目里最难、奖金最高的一道题，后在口语指(其答案或解决方法关系重大的)重要问题或关键问题。

例(206)的"seven-year itch"原来指人们开玩笑时说，每隔7年就渴望在男女关系或婚姻方面换换口味，现其用法已不再局限于此，而泛指"换换口味；开辟新天地"。该习语在19世纪文学作品中已经出现。《七年之痒》也是一部美国影片的名字。

例(207)里"knock sb. for six"这一英国熟语原意为"一击得满分"，喻为"毁灭性打击；彻底驳倒"，出自板球运动。击球员把球击出边线，即标志球场边界的白线时，他便得到一个"six (6分)"，相当于美式棒球的"home run (本垒打)"。这个板球用语自从19世纪中期就已相当流行，它的喻义直至20世纪才正式使用。

例(208)里"nineteenth hole"指高尔夫球俱乐部的酒吧间或餐馆。高尔夫球场设有18个球穴，运动员打完18个穴后都爱在酒吧间喝上几杯放松一下，以恢复体力，因此他们把酒吧间餐馆戏称为"第19个穴"。20世纪初这个短语成为城郊俱乐部的别称。在美国禁酒时期(1920—1933)人们又用它来指衣帽间或更衣室(locker room)。现"nineteen hole"意为餐馆和酒吧间的结合体，饮食供应通常到深夜才停止。

例(209)的"nine to five"转喻为"上班一族，工薪阶层或白领阶级"，因办公室人员工作时间为上午9点到下午5点。

以上数字熟语的隐喻或转喻映现，从时间上来讲，始于19世纪，它们或来源于运动和娱乐休闲，或来源于现代职场特点，或来源于经济金融生活，反映了现代人的价值取向和生活情趣，这些隐喻意义的运用已经比较广泛，但和其他数字熟语的常规化意义不同，从语言形式上可以清晰地找出它们的来源域及映现过程，这些熟语已成为英语中数字熟语的重要组成部分。

在汉语中，从相同的时间开始考察，汉语中这类数字熟语较为少见，《中华成语典故辞典》列有下例中的数字熟语：

(210)对于一个古老的剧种，再死抱传统的模式不放，行腔依然一板三眼，慢慢吞吞，观众自然要逃离剧场。(隐喻映现)

(211)不是人人都喜欢一丝不苟风吹不乱的发型，有人就喜欢凌乱不羁的发型，比如我从来都不用梳子，就是喜欢用手随意拨拉几下之后比较自然松散的感觉。(隐喻映现)

(212)"上海珍档秘闻"尽管描写的是局部的一鳞一爪，但传递出半个世纪前老上海历史文化风貌的诸多信息，显示出多角度、多层次的老上海生活景象，也折射出近代上海城市风云变幻的发展历程。(转喻映现)

例(210)中的熟语"一板三眼"意为行动有条不紊，喻"做事死板，不知变通"，来自清朝吴趼人所著《糊涂世界》："老弟你看，如今的时势，就是孔圣人活过来，一板三眼地去做，也不过是个书呆子罢了。"例(211)中的"一丝不苟"来自清朝吴敬梓的《儒林外史》："上司访知，见世叔一丝不苟，升迁就在指日。"喻"处理事情或做工作仔细、认真，一点也不马虎"。例(212)的"一鳞一爪"喻"诗之含蓄"，来自清朝赵执信的《谈龙录》："诗如神龙，见其首不见其尾，或云中露一鳞一爪而已。"后世喻"事物残缺不全，支离破碎"。

上述三熟语均来自文学作品或评论，不像英语里此类熟语来源域广泛。但英语和汉语中均显示出新的数字隐喻(转喻)化倾向。

第四节　小　结

本章主要讨论了英汉数字熟语的常规化隐喻和转喻映现，虽然它们的来源域已不再明晰，但在数字熟语的理解过程中，来源域中的故事或人物框架对其使用中的隐喻意义起着引导和制约作用，其中，隐喻映现以相似性为基础，由于数觉和其他人类感知相通，人们用种种与数觉有关的概念隐喻描述整个客观世界和心理世界。转喻映现以框架和概念邻近为基础并受到认知原则的制约，而文化因素制约着二者映现的过程。隐喻和转喻二者相互联系，有时一个数字熟语同时存在两种映现过程，有时很难分辨到底是哪一个居主导地位，总之，隐喻和转喻同为英汉数字熟语语义扩展路径，它们共同作用，相互交织。研究还发现，英语和汉语中都存在数字熟语隐喻（转喻）化现象，同时，两种语言还显示出新的数字熟语的隐喻（转喻）化的趋势，这一趋势在英语中更为明显。

第五章

英汉数字熟语在线理解的幕后认知机制

第四章探讨了英汉数字熟语常规化映现的隐喻和转喻工作机制，英汉数字熟语中凝固化的比喻意义已经成为一种固定的模式，存在于人们共享的集体记忆中，在具体的语言环境中，由于文化语境、情景语境和各种个体因素的作用，这种固定化的意义在具体语境里有时会发生变化，从而获得新的意义。本章将运用心理空间和概念整合的理论来考察英汉数字熟语理解的幕后认知机制，尝试解释英汉数字隐喻义的动态构建过程。

隐喻工作机制的解释有两个颇具影响力的理论：一个是莱考夫和约翰逊的概念映射理论，另一个是法康尼尔和特纳的心理空间（mental space）和概念整合（conceptual integration）理论。Grady，Oakley 和 Coulson（2001）①分析了概念隐喻理论和概念整合理论的关系及其各自研究的对象。前者研究人们长期记忆中储存的固化联系，对各种各样的隐喻表达进行概括；后者关注那些固化的联系在在线加工过程中的作用，重点研究单个例子中的特别之处。他们指出，这两种研究范式在处理隐喻概念化过程中是互补的。具体说来，前者研究的常规概念配对和来源域到目标域单向映现，为后者提出的各种动态的概念网络提供了输入空间，并制约着这些概念网络的运演。②概念隐喻理论中的跨认知域映现构成并制约概念整合过程中的复杂心理过程，心理空间和概念整合理论为解释比喻语言提供了更为广阔的空间。

---

① Grady J. E. & Oakley T. & Coulson S. :"Blending and metaphor", In R. Gibbs and G. Steen. *Metaphor in Cognitive Linguistics*, Amsterdam: John Benjamins, 2001,pp.101-124.

② 张辉，杨波：《心理空间与概念整合：理论发展及其应用》，载《解放军外国语学院学报》2008年版第1期。

第一节 从文化模式到心理表征的转换机制

一、意义建构与语义加工

为了更清晰地阐明英汉数字熟语的意义构建，首先需要从认知心理的角度说明语义加工的心理机制。人类信息加工的过程如图 5-1 所示。

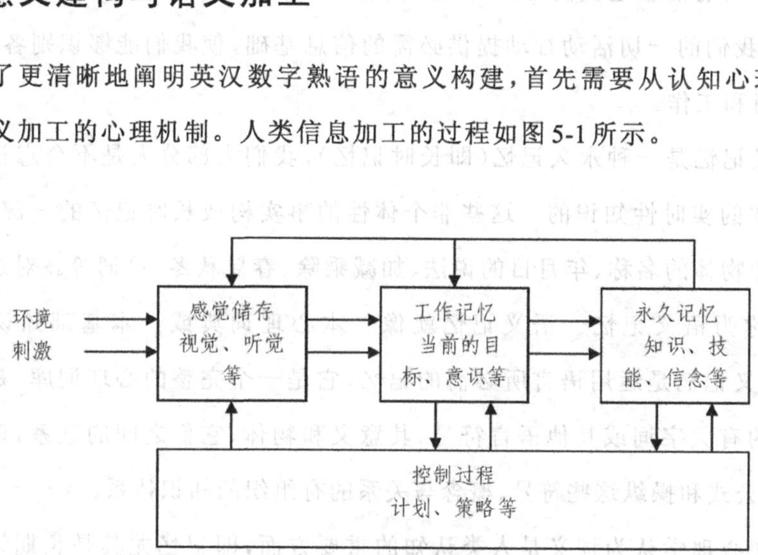

图 5-1 信息加工的一般模型①

上面的模型显示了记忆在信息加工中的重要性，记忆是过去经验在人脑中的反映。人们依靠记忆把过去经验保存在自己的头脑中，然后在经验恢复的基础上，进行思维和想象活动，这些思维和想象的结果又作为经验保存在头脑中，

① [美]D·W·卡罗尔:《语言心理学》，缪小春译，华东师范大学出版社2007年版，第45页。

作为进一步思维和想象的基础。

如图5-1所示，三种心理结构（感觉储存、工作记忆和永久记忆）和一系列控制过程是人类认知功能的一般特性，感觉储存器接受我们每天经历的各种颜色、声音、味道和气味并以一种原始的、未分析的形式在短时间内将他们保存，它是信息加工序列的第一步。

第二种记忆传统上被称为短时记忆，现在被称为工作记忆。工作记忆与短时记忆的不同在于，工作记忆这个术语传达了更多记忆过程的动态观点。短时记忆一般被看作信息的被动存储器，而工作记忆则包括存储和加工功能。

永久记忆也被称作长时记忆，是我们对这个世界的知识的存储器。长时记忆中所存储的信息是我们过去所经历的各种经验和体验以及有关世界上的各种知识，为我们的一切活动行动提供必需的信息基础，使我们能够识别各种模式，进行学习和工作。

语义记忆是一种永久记忆（即长时记忆），我们大部分人是不会忘记关于世界的基本的实时性知识的。这些非个体性的事实构成长时记忆的一部分，其中包括各种物体的名称、年月日的说法、加减乘除、春夏秋冬、单词等。对这些事实的记忆称为语义记忆。语义记忆就像一本心理词典或一本基础知识百科全书。[①]语义记忆是运用语言所必需的记忆，它是一个完整的心理词库，是一个人所掌握的有关字词或其他语言符号、其意义和物体、它们之间的联系，以及相应的规则、公式和操纵这些符号、概念与关系的有组织的知识体系。

认知心理学认为词义是人类认知的重要方面，即记忆尤其是长期记忆的载体。[②]意义建构实际上是一种记忆，英汉数字熟语的隐喻意义作为一种永久记忆的语义代码，为我们理解话语中的数字熟语的意义提供了基本的、必需的知识背景。所以威廉·詹姆斯（William J.）说："一个被回忆起的事物，就其本意而言，是曾经完全被忽视，而现在又重新复活的事物。它过去被埋藏在心底，从视线中消

①武秀波，苗霖，吴丽娟等：《认知科学概论》，科学出版社2006年版。
②卢植：《认知语言学——认知语言学引论》，上海外语教育出版社2006年版，第183页。

失。现在从充满无数其他事物的储藏中得到恢复,被重新找出。但基本记忆中的事物不是这样恢复的,它从未被遗失过,它在意识中从未与当前时刻分离。事实上,它是作为现时的背后部分而不是真正的过去而复苏的。”①

从语言加工的角度讲,在理解过程中,当我们听到一个句子时,声音首先会短暂地存储在听觉储存器中。在那里声音大约会保持2—4秒,以提供足够的事件识别听觉模式。当一个感觉储存器中的信息与从永久记忆中提取的信息吻合时就会出现模式识别。

那么,对英汉数字熟语的理解也是同样的道理,当我们听到或看到一个句子(或更大的语言单位)时,数字熟语的隐喻意义从语义记忆中被提取出来,以识别感觉储存器里的信息,得到辨认的信息如果与当前活动相关,将被临时存储于工作记忆,这样,意义就是一种记忆工作,由于心理机制的作用,使新经验和旧模式联系,从而完成意义的建构。

二、从文化模式到心理表征

在对文化的理解上,美国人类学家布莱德·肖尔(Bradd Shore)把文化看作大量不同种类的模式集合,或者是图式。②以外在和公共形式存在的文化模式指许许多多人类的习惯,它们是在时间和空间上对现实习惯性理解的投射,文化模式还以行为、对话、社会交往的形式存在。文化模式反映到语言中,就产生了不同的语言表达方式。由于文化模式是外在的、可以观察到的当地人的经验,在这种意义上,文化模式可以理解为知识。

人们通过文化模式进行信息加工、意义的积极构建。意义的建构架起了文化和大脑之间的桥梁,意义建构是一种记忆工作,由于类推的作用,使新经验和

① [美]D·W·卡罗尔:《语言心理学》,谬小春译,华东师范大学出版社2007年版,第43页。

② Shore B.:*Culture in Mind: Cognition, Culture, and the Problem of Meaning*, Oxford, England: Oxford University Press, 1996, p.44.

旧模式联系。运用类推图式可以解释文化模式如何转化为心理表征。所有类比推理都有编码、推理和反应的过程。首先通过扫描类推词语进行编码，然后进行识别，Gick和Holyoak（1983）的研究认为类推识别包括两个过程：①语义提取线索。②由具体类推来归纳综合（一般）图式。[①]这种综合图式是整个社团共享的，而不是个人的。推理包括对来源域和目标域之间和其成分之间的相关性的推断。对说本族语的人来说，语言符号由历史性的任意性转化为可见的心理认同，他们理解得更好。

在文化模式向特定心理表征（数字熟语的阐释）的过程中，也就是隐喻意义的构建过程，是类推图式在起作用，类推图式是文化模式转化为个人知识形式的关键认知机制，并由文化习俗所推动，从而使意义可以被构建和再构建，形成和再形成。类推图式还使文化模式和个人经验方面中的特殊部分得到对应。

我们看下面英汉数字熟语的例子：

（213）闯王用鼻孔冷笑一声：哼，我李闯王并没有三头六臂！是因为老百姓恨官军奸掳烧杀，咱们硬是剿兵安民，保护商洛山中百姓不受官兵之灾。

（214）一个人往往要有眼观六路，耳听八方，三头六臂的本事。

（215）“三头合议制”的采用，使松下电器公司发挥了“三头六臂”的神力。

（216）全是三头六臂，比人家多个心，心里多几个窍，肠子都打结的。

在以上句子的理解中，听读者首先进入类推识别，语义线索为数字熟语“三头六臂”，这里原是佛的法相，有三个头、六条臂，从语义记忆中提取的背景知识通过联想变得具体化、形象化，即有特殊的高超本领的人，这样，通过识别归纳为该汉语数字熟语的一般图式：非常人的生理构造，超人的本领。这是说汉语的人们普遍认同的图式，源于汉语中的佛教文化。

另外一个共享的图式是数字“三”和“六”，在说汉语的人们看来，“三”是天、

① Shore B. :*Culture in Mind: Cognition, Culture, and the Problem of Meaning*, Oxford, England: Oxford University Press, 1996, p.353.

地、人三才的象征数，人介乎天地之间、居中而立则是中国固有的宇宙观念中的立体构图。人是融合阴阳这一组对立项的存在，对天地来说，是不可缺少的。[①]有了人，宇宙的结构才变得稳定和完整。这里，反映的是中国传统的“天人合一”的和谐思想，具有系统性和审美性。“三”不仅是宇宙构成的基础，也是生成发展的基数、宇宙创化的单元，所以有“数成于三”的数理观、“三生万物”的哲学观。“三”在数学概念上包含着数序的反复和递增，自然蕴涵着“多”的意义，“六”是三的倍数，指三维空间的六个方位。

在语言形式上，“三”和其他数字搭配使用在汉语中十分常见，从一到九，“三”能与任何八个个位数组合成词语、熟语，别的数字都没有如此活跃的构词能力，熟语如“一日三秋”、“两面三刀”、“五大三粗”、“举一反三”、“接二连三”、“三天两头”、“三番五次”、“三魂七魄”、“三灾八难”、“三万九转”、“朝三暮四”、“隔三差五”、“三教九流”等。“三A六B”属于翻番，表“多”。如“三推六问”、“三姑六婆”、“三公六卿”、“三媒六证”、“三纲六纪”、“三不拗六”、“三人误大事，六耳不通谋”等。

我们假设听读者是和说话人有共同的语言文化背景，通过类推，理想化的听读者从数字熟语“三头六臂”提取出两个图式：“三”和“六”的文化含义以及“三头六臂”中的佛的法相，这两个图式和说话人编码中的图式相吻合，转化为听读者的心理表征，从而奠定了理解的基础。在此基础上，这种心理表征和具体的语境相结合，和听读者的个人经验联系起来，完成话语理解。上面的实例中的“三头六臂”分别隐喻“李自成”、“某个人”、“松下电器”、“某些人”。

英国和其他英语国家主要信仰基督教，数字“three”和基督教的文化有关，认为“three”体现了事物从起始、成长到结束的整个过程的完整性，因而具有神性，象征着完美与和谐，凡事为三成了常见的认知模式，如：“the Three in One”是基督教的三位一体；“three score（years）and ten”出自《圣经》，指七十岁（古稀之年）；“the three Magi”是指出生基督朝圣的东方三大博士，另外还有“three cheers（三声

① 杜勤：《“三”的文化符号论》，国际文化出版社1999年版，第44页。

欢呼)”、“a three-day event(三日赛,指全面马术测验竞赛)”、“three-dimensional(三维的)”、“three-piece(三件式套服,女服为裙或裤加衬衫和外套,男服为西装衣裤加西装背心)”、“The three doctors Diet, Quiet and Temperance are the best physicians.(最好的医生是膳食博士、平静博士和节制博士。)”、“three professions(三大职业:神职人员、律师和医生)”、“three R's(教育的三项基础:读、写、算)”等。

看下面的实例:

(217)He had gotten three sheets to the wind and didn't pay attention to my warning.

他喝醉了,对我的警告没在意。

(218)By midnight, he was three sheets.

午夜时,他喝得酩酊大醉。

(219)The blacksmith came down the street, three sheets in the wind.

铁匠喝醉了酒,在街上跌跌撞撞。

在上述实例的理解中,也有两个图式:一是和西方海洋文化模式有关,形容“醉酒后东倒西歪”的数字熟语“three sheets in the wind(三条帆脚索都随风摇曳)”是航海生活的生动描述,“sheet”是系在帆下角的金属环上的帆脚索,帆脚索绷紧时帆船乘风破浪,平稳自如。如果松了,就会随风摇曳,东摇西晃,船员们称之为“in the wind”。非常像水手们喝醉酒的样子。另一个图式则是和数字“three”表达“多”的含义有关。听读者将语义记忆中的图式提取出来,以此来辨认和推理具体话语的语境信息,以上三例中描述的醉酒人的神态是从“three sheets in the wind”的隐喻意义中获得的。

从上述分析中可以看出,由于数字熟语的规约化隐喻义对文化模式的依赖,数字熟语的阐释(即心理表征)也依赖于文化模式,文化模式中各种外化的文化经验和习惯,引导和制约着数字熟语在具体语境下的理解。

第二节　心理空间和概念整合与英汉数字熟语的理解

特纳认为:“意义不是概念容器里的堆积物。它是活跃的、动态的,弥漫在各处,为临时、局部的认知而构建。意义不是捆绑在概念化空间中的心理实体,而是各种复杂的投射操作,多个心理空间之间的联系、连接、交融和整合。意义具有隐喻性。”①因此,数字熟语的理解就是其隐喻意义的构建过程,是各个心理空间之间的映射和整合,下面讨论英汉数字熟语隐喻意义的实时构建。

一、心理空间和概念整合理论

(一) 心理空间与概念整合

英汉数字熟语凝固化的隐喻意义作为一种语义记忆储存在人们的永久记忆中,在具体的语言环境中,这种语义记忆被激活,和各种语境因素相互交织,从而完成在话语层面,也就是言语层面上的在线理解,这个过程是无意识的心理活动,为语言形式幕后的认知机制所制约。

法康尼尔和特纳(1996)指出心理空间是人们在进行思考、交谈时为了达到局

① Turner M.: *The literary mind*, New York: Oxford University Press, 1996, pp.3-10.

部理解与行动的目的而构建的小型概念包(conceptual packets)。在话语理解过程中,大脑会激活关于人、事物和事件的各种语言和非语言的知识框架,并存储在工作记忆中。法康尼尔(1985,1994)把这些储存在思维中暂时的、在线的话语信息的集合称之为心理空间。人类在思考和交谈时,不断建立心理空间,建立时间、信念、意愿、可能性、虚拟、位置、现实等概念。心理空间理论重点关注的课题是意义构建,即人们在思考、做事和交际过程中所进行的高级的、复杂的心理运算(Fauconnier 1985,1994,1997)心理空间是描写人的幕后认知工具。心理空间可以用来描写在日常说话和思维中发生在语言形式背后的各种语义、语用和文化等信息相互作用和整合的过程。[①] 这是一个动态的意义建构过程,心理空间是随着话语的展开为顺应意义的建构而临时构建的,它们之间的连接是临时的和瞬间的,随着话语语境的变化而变化,心理空间所形成的意义建构是在使用数字熟语的过程中实现的,属于言语层次上的。

随着心理空间理论的发展,法康尼尔和特纳(1994,1998)提出了概念整合理论(conceptual integration theory),又称概念合成理论(conceptual blending theory)。概念整合理论以心理空间为基本单位,建立四个抽象空间,即两个输入空间:一个类属空间(Generic Space)和一个合成空间(Blended Space)。两个输入心理空间(input mental spaces)通过跨空间的映射(Cross-space mapping)匹配起来并有选择地投射到第三个空间,即一个可以得以动态解释的合成空间(blended space)。跨空间映射需要诉诸输入空间里共有的图式结构,该图示结构包含在第四个空间即类属空间(generic space)里,它是从对输入空间的概念结构进行选择性地映射而来,并以各种方式形成两个输入空间所不具备的层创结构(emergent structure)(图中用方框表示)。这四个心理空间通过投射链彼此联系起来,就构成一个概念整合网络(conceptual integration network)。如图5-2所示。

① Gilles Fauconnier:《心理空间——自然语言意义建构面面观》,世界图书公司北京公司2008年版,导读第14页。

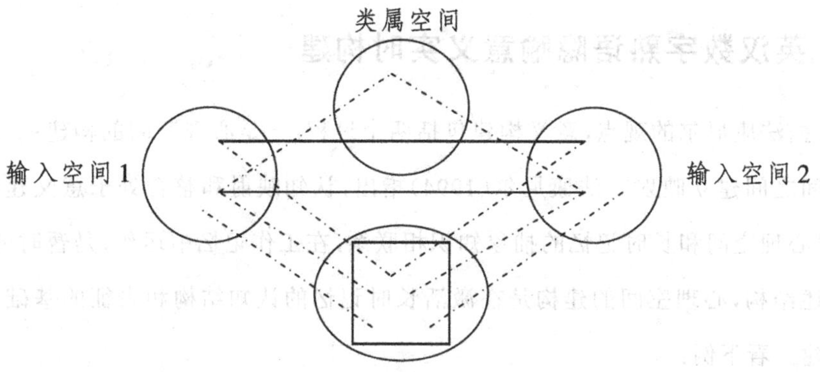

图5-2　概念整合网络

合成空间理论着重揭示了合成空间中层创结构形成的动态过程。它可详细地阐释隐喻的实时意义建构和分析实时隐喻过程中的推理机制。

（二）概念整合的工作机制

概念整合的运作机制由三个基本过程所构成：①组合（composition），即由输入空间投射到复合空间的过程。②完善（completion），即输入空间的投射结构与长期记忆中的信息结构相匹配的过程，它是层创结构内容的来源。③扩展（elaboration），即根据它自身的层现逻辑，在合成空间中进行认知运作的过程。输入空间1和输入空间2因部分元素或认知框架的相似性而产生跨空间映射，而这种相似性又体现在类属空间中，类属空间中的结构决定了两个输入空间的相互映射以及向合成空间的投射。在一系列的认知活动——组合、完善和扩展之后，在合成空间形成了两个输入空间所不具备的层创结构，且可以把这一结构映射回到其他空间。

概念整合网络中的基本要素有：心理空间、输入空间、跨空间映射、通用空间、选择投射、合成、层创结构、组合、完善、扩展等。

二、英汉数字熟语隐喻意义实时构建

根据法康尼尔的观点，意义构建包括两个过程：一是心理空间的构建；二是在心理空间之间建立映射。法康尼尔（1994）指出，认知映射和整合处于意义建构的中心。①心理空间和长时记忆的抽象知识相联系，在工作记忆中运作，是暂时的、短时的表述结构，心理空间的建构是在激活长时记忆的认知结构和表征的基础上的动态构建。看下例：

（220）肯石村追在别的村庄的屁股后边，施行了“完全彻底”的分田到户的生产责任制。八仙过海，各显其能，一时间，一股子抓钱奔富的风潮，不可阻挡地首先在人们心里刮了起来。

例中用“八仙过海，各显其能”来隐喻性地表述村民们各自拿出高招劳动致富。这里有四个心理空间被创建，输入空间 1 为肯石村的村民各用自己的办法劳动奔富的现实情景空间，肯石村实施了“完全彻底”的生产责任制，这里有形形色色的村民，人人向往致富，想出各种办法“抓钱”，形成了一股“风潮”；输入空间 2 是道教里八仙的传说故事，“八仙”为八位神仙，分别是：铁拐李、汉钟离、张果老、何仙姑、蓝采和、吕洞宾、韩湘子、曹国舅。这八位传说中的道教仙人道行高超，各有各的法术，并以特定的形象出现，他们或蓬头垢面，或满腹经纶，或日行万里，或常醉踏歌，或百岁童颜…… 他们各自投下宝物，凭借神力，乘风破浪，渡过东海；而在类属空间，也就是共享空间里，是二者共有的图式结构。

首先，两个输入空间存在部分映射关系，“八仙过海”中有实施者、所用工具、法术、场所、目的（过海）等特征，“村民致富”中有实施者、工具、方法（智慧）、场所、目的（致富）等特征。类属空间对每一个输入空间进行映射，两个输入空间所共有的抽象结构和组织被投射到类属空间，两空间存在相似的组织和结构：实施者、技术、地点、过程、目的等特征，从微观上看，两空间包含着共同的意象图式，两空间都有

① Fauconnier G.:*Mental spaces*, Cambridge Mass: MIT Press/New York: Cambridge University Press, 1994.

起点—路径—目标图式（The SOURCE-PATH-GOAL Schema），“过海”和“奔富”都可视为一个路径，都有起点、终点、路径和方向。然后两个输入空间内的部分特征有选择性地投射到整合空间，从来源域空间投射来的有关“过海”的特征如八仙形象各异，身怀绝技，法力高超，相互媲美，都成功渡海，从目标与空间投射来的有关“村民致富”的特征，如大家都行动起来，运用各自的智慧，要用各种方法致富等。整合空间里形成其他空间所不具备的层创结构，即新生意义：村民似神仙，致富技艺高。“八仙过海，各显神通”的概念整合系统衍推过程如表5-1所示。

表5-1　“八仙过海”概念整合系统的衍推过程

输入空间1	输入空间2	类属空间	合成空间
角色：八仙	角色：村民	实施者	村民身份——角色：八仙
目标：过海	目标：奔富	目标	目标：奔富
方式：法术	方式：才智	方式	概念整合：才智似神仙

整合空间的层创结构是整合空间的核心，它并不直接来自输入空间，其心理过程十分复杂。法康尼尔指出，它是通过以下三种相互关联的方式来产生的：

a. 组合：将两个输入空间的投射组合起来。这是一种非常直接的过程。经组合后的投射形成各个输入空间以前均不存在的新关系。在上例中，我们将“八仙过海”和“村民奔富”两个以前不大相干的概念中的一些元素通过投射组合起来。组合过程就是将八仙过海的某些特性（如法力高超，宝物在身，成功渡海）与村民奔富的一些特性组合在一起，建立起一个新的范畴（category），其中“过海”和“奔富”都是它的次范畴。

b. 完善：借助背景框架知识、认知和文化模式，组合结构从输入空间投射到合成空间。由于心理空间与长时图式知识（如框架）紧密相联，这一经组合后的结构立即会激活我们长时记忆中的知识，然后我们再根据认知文化模式将它逐步完善成合成空间内的层创结构。“八仙过海”源于道教传说，这里，“八”是一个模式性数字，据叶舒宪、田大宪的研究，《周易·说卦传》里八卦与空间方位、宇宙属性、家庭伦理观念、人体部位等有关。从八卦所象征的物、人、德、方来看，“八”意味着一个全面、完整的系统，代表着事物构成的基本属性，它给出了一切事物的分类。汉语里还有“八拜之交”、“八面玲珑”、“八面威风”、“八面见光”等熟语，另外中医有“八脉”，古代施政有“八政”，乐器有“八音”，还有“唐宋八大家”、“海内八大家”等。在这个背景框架下，“八仙”就成为各具特色的人的集合的借代语，这种长时记忆被激活，在汉语文化认知模式的塑造下，合成空间里的层创结构得到完善，即现实情景里有好似一个神仙群体的村民团体，有男女老少，他们秉性各异，才智本领也各不相同。

c. 扩展：合成空间中的结构可以扩展。这就是所谓的“对合成空间进行运演”(run the blend)，即根据它自身的层创逻辑在合成空间中进行认知运作。由于层创结构含有虚拟的性质，其中的层创逻辑与现实生活中的逻辑有时不完全一致。但是按照这种层创逻辑进行推理可帮助我们解读隐喻，建构新概念和范畴等。我们可以根据合成空间的层创逻辑来对“八仙”这一概念进行拓展。我们可把具有类似性情才智的人成为“八仙”，如：

(221)要踢好这场球，队员间必须加强配合，不能八仙过海，各显神通。(球员是“八仙”)

(222)这时，你到各家各户去走走，便会发现，真是八仙过海各显其能，扎出来的花灯，各具特色，绝不会重复。(手艺人是“八仙”)

(223)由新加坡《联合晚报》主办，邀请了来自世界各地的艺术家，八仙过海，精彩纷呈，同时也是激烈的竞赛竞争。(艺术家是“八仙”)

(224)可这一分家了，这叫八仙过海，各显其能，谁有能耐谁露脸。(家庭成员是“八仙”)

需要指出的是，层创结构的形成实际上是一个动态的、极其复杂的、需要充分发挥想象力的认知过程。在概念合成这一认知过程中，我们主要是以语境为出发点、依据层创逻辑动态地进行概念合成的。这一过程要求我们不间断地减活

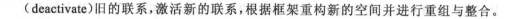

(deactivate)旧的联系,激活新的联系,根据框架重构新的空间并进行重组与整合。

三、文化背景区因素与心理空间之间的认知连接

心理空间是由空间构建语(space-builder)、语法标记和语用信息提供的提示来建立的。空间构建语为多种语法形式(如系词、介词短语、连词和补语)和词汇,意义的构建是在这些语言形式幕后进行,它由语言形式来引导,其中词汇提供了把心理空间成分连接到背景知识框架和认知模式中的信息,这些信息是构建心理空间的背景图式,并在认知构建中进一步得到丰富。我们认为数字熟语是一种特殊的空间构建语。根据《语言学百科辞典》的定义,熟语是"语言中固定的词的组合";"熟语是语言单位,有两个特质:①语义的统一性,在语义上是不可分割的整体。②结构的固定性"。[①]熟语的常规化意义在人们的概念系统中的完型效应非常突显,而且,数字熟语中包含的数字隐喻也融入其中,所以我们把熟语的常规概念意义和数字的文化信息,看作是人们在实践中获得的基本文化经验图式,是人们把握和理解其他概念的尺度。

整合理论要更多地对情景、文化、感情等背景区因素给予关注,为了将语境假设和影响意义结构途径模式化,背景区可以明确角色价值及背景所引发的体验表征,背景区是概念整合的动因。常规意义在隐喻理解中有着重要的地位,因为发话者使用它来建立概念整合的网络空间,而且隐喻的全面理解要求使用背景区和语境知识。

具体话语意义的构建是瞬间的、个体化的活动,由数字熟语建立起来的输入空间和话语感知空间相互作用,使数字熟语的意义更加明确、具体和形象化,这个过程是由不同空间和成分之间的认知连接来完成的。法康尼尔认为我们在不同的心理空间之间和不同空间的成分之间建立认知连接,两个或更多的空间中的成分可由认知、社会、文化和语用信息连接在一起,心理空间中两个成分之间的认知连接是日常谈话和常规推理中幕后认知的重要组成部分,在语言上具有重要的意义,并

①《语言学百科词典》,上海辞书出版社1998年版,第648页。

且具有跨语言和文化的普遍性。[1]根据这一思想，法康尼尔提出了一个基本的认知原则：可及原则（Accesss Principle）或辨认原则（Identification Principle）这种认知连接允许一个成分用与其连接的另一成分来进行指称和辨认，如果两个成分a和由连接部分F连接起来，那么成分b就可以通过命名、描写或指向对它的对应成分进行辨认。法康尼尔举了以下的例子：

Plato is on the top shelf.

柏拉图的书在书架顶层。

在上例中，作者和该作者写的书之间的认知连接是通过描写作者来指称书，因而在这两个成分之间建立起认知连接，从而完成对该句子的理解。前文中所提到的“八仙过海，各显其能”的实例中，即是通过“八仙”来辨认和扩展“肯石村村民”的具体意义的。

数字熟语作为空间构建语，同时也是空间之间和不同成分之间的连接方式，数字熟语所构建的心理空间是固定的、规约化的隐喻关系，在一定的语境中才能具体化、形象化。下面试用可及原则来分析英汉数字熟语所建立的输入空间和实时话语空间之间的认知连接。

（225）Bob broke one of his wife's most precious dishes and is really behind <u>the eight ball.</u>

鲍勃打坏了他妻子最珍贵的一个盘子，现在他可真是凶多吉少了。

（226）The football team got <u>behind the eight ball</u> in the first two games.

该支足球队在头两场比赛中大为失利。

（227）The minister decided to remove all <u>the eight balls</u> from office.

那部长决定将所有不称职的人统统革职。

---

① Fauconnier G. :*Mental Spaces: Aspects of Meaning Construction in Natural language*，世界图书出版公司北京公司2008年版，第39页。

(228) After his unkind remarks were repeated to the boss, Gary really ended up behind the eight ball.

有人把加里那些刻毒话对老板说了，所以他最后的处境很惨。

(229) John found himself behind the eight ball, unable to buy the things his family needed.

约翰感到处境窘迫，买不起家里需要的日用品。

在上面的例子中，“behind the eight ball”意为“处境危险，无可救药”。这一熟语源自叫作“凯利”的弹子游戏(kelly pool)。其中有一种打法：全部的弹子必须按一定的顺序击落弹袋，只有一颗黑色的弹子除外，黑色弹子的分是8分。如果另一个弹子碰到了黑弹子，击弹的一方就要被罚。因而，如果要打的弹子恰好处在8分的黑色弹子后面，击弹子的一方势必处于危险的位置。从上面的例子中我们可以看出，数字熟语“behind the eight ball”会形成心理空间，在这个空间里，存在一个8分的黑色弹子和一个处在它后面的弹子，击弹的一方面临被罚的处境。那么，这是一个反映西方游戏文化的数字熟语，其中暗含着游戏规则，数字“eight”也意味着“劣势”。

当这个心理空间在具体话语中使用时，具体的语境会提取其中部分信息和话语感知空间的背景框架整合到整合空间中去，从而形成具体的意义：例(225)中的鲍勃面临被妻子惩罚的处境；例(226)中某足球队在球场上处于要失败的劣势；例(227)中不称职的人要被革职；例(228)中加里面临被老板惩罚的处境；例(229)中约翰的处境窘迫。这些具体的话语空间虽然有不同的语境信息，但是，由于认知连接词的辨认作用，唤起了听读者头脑中所储存的文化背景知识，在联想、类推的基础上，和具体话语空间进行整合，从而获得新生的层创结构。

第三节　概念压缩与英汉数字熟语理解

一、因果关系与整体洞察

因果关系是人类最基本的思维方式。许多数字熟语具有形象感知和抽象意义的因果关系，我们可以利用整体洞察(global insight)来理解它们。如“三兽渡河”，指三种大小不同的动物过河，呈现出不同的情景。比喻人们同做一件事，由于所下的功夫不同，得到的结果也不同。此语来自释道原《景德传灯录》：“譬如兔马象三兽渡河，兔渡则浮，马渡则及半，象渡则截流。”此熟语的隐喻意义来自人类对动物的感知，三种动物的身体结构各有各的特点，这种感知是人类的大脑和周围环境相互作用的结果。通过对这种因果关系的整体洞察，在整合空间里创生了新的意义。再如“三步一跪，五步一叩”，“跪”和“叩”常见于与中国传统习俗和佛教有关的礼节，而数字“三”和“五”在这里都含“多”义，因而生发出“恭敬虔诚，礼节繁杂”的抽象意义。其他的例子还有：“一言九鼎”、“一脉相承”、“一鼓作气”、“三从四德”、“三公九卿”、“六月飞霜”等。这里我们看到，因果关系的整合常常来自社会文化习俗，其中，附着在数字上的各种文化经验为熟语整体意义提供了必要的背景知识。因果关系的整体洞察是概念整合的工具，数字熟语中的数字所表现出的各种感知意义为理解具体话语中数字熟语的具体理解提供了可感知和有把握的依据。例如：

（230）I'll have it fixed up for you in two shakes of a lamb's tail.

我很快就会替你修好。

英语中的数字熟语“in two shakes of a lamb's tail”意为“立刻，瞬间，马上”。旧时英国人认为羊羔会在很短的时间内摇两次尾。这里，该熟语中具体感知和抽象思维之间的因果关系在具体话语空间里合二为一，上例中“修理的时间会很快”，这种新生意义是建立在上述因果关系之上的。下面三例中有不同的语境，分别建立了“准备食品”、“获悉委员会决定”、“缝衣服”的话语空间，整合空间里创造性意义均建立在“in two shakes of a lamb's tail”的文化经验知识上。

（231）I asked him for some food and in two shakes of a lamb's tail the table was spread with all I could want.

我向他要些食品，餐桌上马上就摆满了我所想要的一切。（瞬间将食品备好）

（232）They will learn of the committee's decision in two shakes.

他们立刻知道了委员会的决定。（即刻获悉委员会决定）

（233）You needn't change your jacket, I'll sew the button on for you. I'll have it down in two shakes!

你不必换下夹克，我帮你缝一下扣子，马上就好。（马上会缝好扣子）

二、关键关系的压缩

概念整合网络中还涉及其他一些根本关系，包括变化、时间、空间、等同（identity）、意向（intentionality）、表征、部分—整体、角色、类比（analogy）、相似、范畴等。在跨空间的映射中，空间之间的连接有从原因到结果的连接、时间和空间的连接、变化的连接、等同性连接等，这些跨空间的连接被压缩为一，成为整合空间内在的关键关系。

下面用心理空间之间的关键关系压缩的工作机制分析数字熟语的理解。

(234)宇宙中的真理，其奥妙的深广与宏大，是无法预测的，如果我们只抓到了那些深奥的一鳞半爪，就武断地自以为是，宣称自己已窥悟了宇宙的全部奥秘，那后果是可想而知的。

(235)对中国画界感兴趣的朋友们，可以看《中国前卫艺术》、《中青年油画家·百人作品》等等，我也就是从那里一鳞半爪地看了一点就在这里乱侃的。

(236)这次所记述的，只是一鳞半爪，如再详细研究，还可以发现很多不妥之处。(《鲁迅书信集·致增田涉》)

(237)使我放下稿子大笑的，并不是发现了真人实事，却是看到真人实事的一鳞半爪，经过拼凑点化，创出了从未相识的人，捏造了从未想过的事。(杨绛《记钱钟书与〈围城〉》)

“一鳞半爪”指龙在云中，偶尔露出部分鳞和爪，比喻零星片段的事物。该熟语来自中国传统文化中龙的形象，据《汉语大词典》的释义，“龙”为“传说中的一种神异动物。身长，形如蛇，有鳞爪，能兴云降雨，为水族之长”。“一”表“人或事、物的最少数量”。“龙”有鳞似鱼，却只露一片，“龙”有五爪，仅露“半爪”。这样就使人有两个基本联想：一为“龙”的神圣、高贵、威严、华丽的形象；二是这种形象展露极少。输入空间1是由数字熟语建立的空间，有“龙”，地点在云中，而且“龙”只露出零星部分。在整合过程中，输入空间1的角色“龙”与话语感知空间里的价值连接并压缩，例(234)中的“真理”、例(235)中“《中国前卫艺术》、《中青年油画家·百人作品》”两本书、例(236)中的“记述内容”、例(237)中的“真人实事”和输入空间里的角色形成角色/价值的压缩。这里，价值是抽象的，但由于它们之间的某些相似性，均被赋予了生命，具有“龙”的某些性状特征。这里还存在其他关键关系的压缩，如空间关系的压缩、变化关系(如“龙”变为不同的抽象内容)的压缩。

另外一个关键关系是同一性关系，也是最基本的关系，没有它，其他关系将无从谈起。如没有对同一性的连续的压缩和解压缩，人类的智力活动将无法想象。同一性的压缩与整合需借助于人的想象。如上面例子中“龙”被分别等同为“真理”、“书”、“记述内容”、“真人实事”，这是同一性关系的压缩。那么，我们会通过“龙”的部分文化特质来辨认和描摹它的等同对象，如例(234)中“真理深不可测，难窥全貌却又美丽迷人”，这种抽象思维借助于“一鳞半爪”而变得具体，似乎能看得见，摸得到，因而得到了一种审美愉悦，这即是同一性关系的解压过程。

这里，从角色到价值由类比来连接，而相似性是空间关键关系的连接成分。以上这些跨空间的关键关系被压缩到整合空间里成为新的结构，“龙”的整体框架给整合带来了意向性(intentionality)，包括与“龙”和“一”有关的善变和神秘，通过压缩在整合空间获得独特性(uniqueness)，即新生意义：例(234)“真理的神秘莫测”、例(235)“偶尔零星地看”、例(236)“记述内容的极少部分”、例(237)“真人实事的较少部分”。上面的实例分析可以看出，空间关键关系的压缩和解压过程始终以“龙”和“一”的文化模式为依托来完成的，如果说整合机制告诉我们言语理解的心理过程，那么文化模式则是言语理解的背景。熟语中数字隐喻义的理解具有很强的主观性，在相同认知操作和交流双方有共同文化背景的情况下，“龙”和“一”作为最基本的经验首先被提取，因而最容易理解和使用。

第四节 小 结

本章从心理空间和概念整合的角度考察了英汉数字隐喻理解的幕后操作机制，数字熟语的理解即数字熟语的隐喻意义构建，它是在使用的实际场景中在线构建出的，是一个动态的过程，是我们利用语言和非语言知识、语境知识、语境信息对话语进行识解的结果。英汉数字熟语的动态识解主要表现在两个方面：

a. 从文化模式到心理表征的转换。

从信息加工的角度看，当听到或看到含有某一数字熟语的语言单位后，其信息暂时储存在工作记忆中，而该数字熟语的隐喻意义也从语义记忆，即长时记忆中提取出来，二者信息如果相吻合就产生模式识别，新经验与旧模式连接起来。

从另一角度讲，英汉数字熟语理解的过程也是文化模式到心理表征的转换，文化模式是外在的观察得到的各种人类习惯，是某一语言社团所共享的综合图式，在类推图式的作用下，如语言符号与文化模式之间产生心理认同，数字熟语则得到识解。

b. 英汉数字熟语的理解是心理空间与概念整合的结果，这种机制是实时的、发生在语言形式背后的。

它包括三个方面：①在人们进行思考、交谈时，不断建立心理空间，有四个抽象空间、两个输入空间、一个类属空间和一个合成空间。两个输入心理空间通过跨空间的映射匹配起来，并把它们有选择地投射到第三个空间，即一个可以动态解释的合成空间，在该空间产生其他空间所没有的层创结构，即新生意义。②概念整合的运作机制由三个基本过程所构成：组合、完善、扩展。③心理空间之间的认知连接，数字熟语是一种特殊的空间构建语，熟语的常规概念意义和数字的文化信息，可以看作是人们在实践中获得的基本文化经验图式，是人们把握和理解其他概念的尺度。由数字熟语建立起来的输入空间和话语感知空间相互作用，使数字熟语的意义更加明确、具体和形象化，这个过程是由不同空间和成分之间的认知连接来完成的。

整合是通过压缩关键关系实现的，在跨空间的映射中，空间之间的连接有从原因到结果的连接、时间和空间的连接、变化的连接、等同性连接等，这些跨空间的连接被压缩为一，成为整合空间内在的关键关系。

因此，英汉数字熟语的理解是一个动态识解过程，语义和语用形成了连续体，这种连续体体现在意义的加工中，由词语的抽象逻辑含义过渡到语境下识解的含义，它与语境因素的结合最终构成了千变万化的具体含义。

很明显，文化因素是动态识解的重要因素之一，它与其他语境因素密切相关，共同为意义的识解提供操作平台。虽然识解是词语有了动态的、变化中的含义，但在不同的语言社团社区之间，有时会出现识解的障碍，导致交流失败。所以，英汉数字熟语的动态识解受到一系列因素的限制，包括人类的认知能力、现实世界、传统惯例以及语境。

第六章 结语

一、结　　论

英语和汉语中同时存在数字隐喻现象，二者有着诸多相似点和明显的差异，它们可以从文化因素和认知机制中找到合理的解释。隐喻和转喻是英汉数字语义扩展的重要途径，通过数字的隐喻化，产生新的意义，从语用角度讲，英汉数字熟语的理解是动态的隐喻意义的构建过程，其背后的认知操作机制是心理空间网络的建立和概念的整合。英语中的数字的隐喻（转喻）化倾向较汉语更为明晰。

（一）英汉数字隐喻的共性与差异

1. 共性及认知理据

英汉数字隐喻意义的原型意象是英汉数字语义的核心意象，是最先出现在人联想中的形象和阐释，是数字的其他意义的基础和出发点，经考察，二者同为数范畴的延展，均可以从其纯数学意义上找到源头，英汉中“1”均隐喻“初始、本原”，“3”、“9”、“10”都表“圆满”，其他如分类、循环、排序、奇偶、阴阳等概念则来自数字的整数性和顺序性；二者的基本数字都有“神秘”和“神圣”的隐喻意，汉语中“三”、“五”、“六”、“七”、“八”、“九”和古老观念中的宇宙神圣论密切相关，英语中的“one”、“three”、“seven”等数字被赋予了浓郁的宗教意味；两种语言数字隐喻均和数字哲学观有关，有些模式数字是相同的。英汉数字的其他隐喻意义也存在不同程度的共性。

这些共性的基础是人类共同的数认知范畴，而共同的意象图式是其认知理据之一，对于意象图式的理解侧重于身体与外部世界环境的互动关系，身体的空间运动模式、操纵物体的经验等感知模式，是最基本的意象图式。图像图式具有内部结构和格式塔特征，是获得意义的重要手段之一。运用部分—整体图式（PART-WHOLE）可以解释完美是数、整体是数，如“10”的整体性，“2”的对立性是部分与部分的关系；起点—路径—目标图式（THE SOURCE-PATH-GOAL Schema）可解释数量关系和线性数量规模。

2. 差异及认知理据——文化认知

英汉数字隐喻虽来自共同的数范畴，但在两种语言中却发生了变异，无论一致性隐喻、可选择性隐喻还是唯一性隐喻，其变异表现在隐喻的结构上，如来源域和目标域的范围、对应关系、文化经验的作用、映射机制等。从文化认知的角度看，其原因涉及经验差异和认知偏好，其中，认知偏好的有关因素包括经验焦点、视角偏好、原型与框架等方面，不同的地理环境、历史文化、政治、宗教、习俗、文学等文化因素是造成这些差异的决定性因素。

可见，数字隐喻的共性和差异与人类的身体生理和神经的基础、社会文化经验（语境）和认知过程三者有关。共同的生理机制只是为数字的概念隐喻提供了潜在的生理基础，但它在两种语言中的应用却蕴涵了复杂的文化因素。

（二）英汉数字语义扩展的路径及认知操作

1. 隐喻与转喻映现

隐喻和转喻是英汉数字熟语的重要语义扩展途径，在英汉数字熟语的常规化隐喻和转喻映现中，虽然它们的来源域已不再明晰，但在数字熟语的理解过程中，来源域中的故事或人物框架对其使用中的隐喻意义起着引导和制约作用，其中，隐喻映现以相似性为基础，人们用数字隐喻来描述整个客观世界和心理世界。英汉数字熟语的转喻映现以框架和概念邻近为基础，并受到认知原则的制约。两种映现过程均受到文化因素制约。隐喻和转喻二者相互联系，有时一个数字熟语同时存在两种映现过程。

2. 在线理解的幕后操作机制

隐喻和转喻的映现是从来源域到目标域的单向映现，而心理空间和概念整合能合理解释隐喻意义构建的幕后操作机制。数字熟语的隐喻意义构建是在使用的实际场景中在线构建出的动态过程，是利用语言和非语言知识、语境知识、语境信息对话语进行动态识解的结果。

英汉数字熟语的动态识解主要表现在两个方面：一是从文化模式到心理表征的转换，在类推图式的作用下，语言符号与文化模式之间产生心理认同。二是心理空间网络的建立和概念的整合过程，首先人们在交谈中不断建立心理空间，心理空间之间的连接依赖空间构建语，即英汉数字熟语，然后通过组合、完善和扩展的运作机制，在合成空间里产生层创结构，整合是通过压缩关键关系实现的。

因此，英汉数字熟语的理解是一个动态识解的过程，语义和语用形成了连续体，这种连续体体现在意义的加工中。很明显，文化因素是动态识解的重要因素之一，它与其他语境因素密切相关，共同为意义的识解提供操作平台。

（三）英汉数字的隐喻化倾向

英语和汉语中均存在数字熟语隐喻（转喻）化现象，同时，两种语言还显示出新的数字熟语的隐喻（转喻）化趋势，英语更为明显。

研究结论支持隐喻映射理论、心理空间和概念整合原理，同时也支持有关文化认知的隐喻变异性理论。因此，将文化和认知相结合是研究隐喻现象的有效途径。

二、今后的研究方向

以上研究通过内省分析的方法，在共时平面上对英汉两种语言中的隐喻现象进行了认知语义学分析，运用了词典及相关语料库作为辅助研究手段，在数字隐喻的语用研究方面存在数据的不足，如有来自田野调查的语料将更有说服力，在将来的研究中有待进一步的搜集。另外英汉数字都表现出新的隐喻化倾向，那么，数字隐喻在英汉两种语言中的历时演变也将是一个很有价值的课题，这些都是以后努力的方向。

参考文献

工具书

[1] Ayto J. & Simpson J.: *Oxford Dictionary of Modern Slang*, New York: Oxford University Press, 2001.

[2] Collins: *Cobuild English Dictionary*, London: Harper Collins Publishers, 1995.

[3] Richards J. C.& Platt J. & Platt H.: *Longman Dictionary of Language Teaching and Applied Linguistics*, London: Pearson Education Limited, 2002.

[4] *Roget's Theasaurus of English Words and Prases*, London: Longman House, 1987.

[5] Shogakukan: *Reading and Writing Numbers*, 熊冈台译，外文出版社2003年版。

[6] *The New Oxford Dictionary of English*, New York: Oxford University Press, 1998.

[7] Winick C.: *Dictionary of Anthropology*, NJ: Totowa, 1984.

[8] [美]W•爱伯哈德：《中国文化象征词典》，陈建宪译，湖南文艺出版社1990年版。

[9] [英]马丁•H•曼瑟主编：《英语谚语典故词典》，许季鸿，黄家宁译，中国对外翻译出版公司2004年版。

[10] 北京语言学院语言教学研究所编：《现代汉语频率词典》，北京语言学院出版社1986年版。

[11] 常江：《数字合称词典》，中国青年出版社2002年版。

[12] 陈光磊：《中国惯用语》，文艺出版社1991年版。

[13] 陈文伯编著：《简明英文谚语习语词典》，世界知识出版社2005年版。

[14] 汉语词典编写组:《汉语词典》,四川辞书出版社1986年版。

[15] 汉语谚语歇后语俗语分类大词典编写组:《汉语谚语歇后语俗语分类大词典》,内蒙古人民出版社1987年版。

[16] 华泉坤等编:《英语典故词典》,商务印书馆2001年版。

[17] 刘新桂,王国富主编:《英语成语典故大辞典》,科学出版社1994年版。

[18] 刘雪枫,郑瑞侠主编:《中华成语典故辞典》,辽宁民族出版社1995年版。

[19] 陆谷孙主编:《英汉大词典》,上海译文出版社2007年版。

[20] 罗竹风主编:《汉语大词典》,上海辞书出版社1986年版。

[21] 戚雨村,董达武等编:《语言学百科词典》,上海辞书出版社1998年版,第648页。

[22] 芮逸夫主编:《云五社会科学大辞典·人类学》,台湾商务印书馆1971年版,第276页。

[23] 沈善洪:《中国语言文化背景汉英双解词典》,商务印书馆2000年版。

[24] 盛绍裘,李永芳:《英汉双解英语谚语词典》,知识出版社1989年版。

[25] 孙海运,方如玉:《英语来龙去脉》,中国对外翻译出版公司1998年版。

[26] 唐庶宜编:《数字熟语词典》,上海辞书出版社2004年版。

[27] 吴光华:《汉英大辞典》,上海交通大学出版社2002年版。

[28] 武立金:《数文化鉴赏辞典》,军事谊文出版社1999年版。

[29] 现代常用英语谚语词典编写组:《现代常用英语谚语词典》,陕西人民出版社1987年版。

[30] 现代英汉综合大辞典编写组:《现代英汉综合大辞典》,上海科学技术文献出版社1990年版。

[31] 英语词典编写组:《英语词典》,商务印书馆1996年版。

[32] 英语搭配大词典编写组:《英语搭配大词典》,江苏教育出版社1998年版。

[33] 张向阳主编:《最新实用英语典故词典》,湖北教育出版社2001年版。

[34]《中国成语大辞典》，上海辞书出版社1994年版。

[35] 中国社会科学院语言研究所词典编辑室：《现代汉语词典（汉英双语增补本）》，外语教学与研究出版社2002年版。

[36] 综合英语词典编写组：《综合英语词典》，福建人民出版社1985年版。

专著及论文

[37] Andrade D. & Roy G. : *The development of cognitive anthropology*, Cambridge: Cambridge University Press, 1995.

[38] Bultinck B. : "Numerous meanings: The meaning of English cardinals and the legacy of Paul Grice", Emerald Group Publishing, 2005.

[39] Cassirer E. : *The philosophy of symbolic forms: v. Language* , New Haven:Yale University Press, 1953, pp.229-210.

[40] Claudia Z. : *Africa Counts: Number and Pattern in African Culture*, Chicago: Independent Publishers Group, 1990.

[41] Corbett G. G. : "Universals in the syntax of cardinal numeral", Lingua, 1978, p.46.

[42] Csordas T. : *Embodiment and experience*, Cambridge and NewYork: Cambridge University Press, 1994.

[43] Debove J. R. : "Prototype et Définitions", *Revue Linguistique DRLAV: Ecriture et Formalismes*, 1990 (41).

[44] Dorothy C. Holland &Naomi Quinn: *Cultural Models in Language and Thought*, Cambridge University Press, 1987.

[45] Dudley U. : "Numerology or What Pythagoras Wrought", The mathematical Association of America, 1997, pp.22-23.

[46] Fauconnier G. & Turner M. : *The way we think: Conceptual blending and mind's hidden complexities*, New York: Basic Books, 2002.

[47] Fauconnier G. : *Mental Spaces: Aspects of Meaning Construction in Natural language*, 世界图书出版公司北京公司2008年版。

[48] Fillmore C. : "Frames and the semantics of understanding", *Quaderni di Semantica* , 1985(2), pp.222-252.

[49] Grady J. E. & Oakley T. & Coulson S. : "Blending and metaphor", In Gibbs R. & Steen G. *Metaphor in Cognitive Linguistics*, Amsterdam: John Benjamins, 2001, pp.101-124.

[50] Greenberg J. H. : "Generalizations about numeral systems", in Greenberg J.H. (ed.), *Universals of human language: word structure*, Stanford: Stanford University Press, 1978.

[51] Gvozdanovic J. : *Indo-European numeral*, Berlin, New York: Mouton de Gruyter, 1992.

[52] Harris A. : "Symbolic Meaning of selected numbers", 2001. Retrieved on Feb. 15, 2009 at http://www.vic.australis.com.au/hazz/Numbers.html

[53] Hopper V. F.: "Medieval Number Symbolism: Its Sources, Meaning, and Influence on Thought and Expression" , Courier Dover Publications, 2000.

[54] Hurford J. R. : *Language and Number. The emergence of a cognitive system*, Oxford, New York: Basil Blackwell, 1987, pp.5-6.

[55] Hurford J. R. : *The linguistic theory of numerals*, Cambridge: Cambridge University Press, 1975.

[56] Ifrah G. : *The universal history of numbers*, London: The Harvill Press, 1998.

[57] Johnson M.: *Body in the mind*, Chicago and London: The University of Chicago Press, 1987.

[58] Koch P. : "Frame and contiguity: On the cognitive bases of metonymy and certain types of word formation", in :Panther K-U. & G. Rudden. (ed). 1999.

[59] Kövecses Z. : "Selected Proceedings of the 2005 Symposium on New Approaches in English Historical Lexis (HEL- LEX)", ed. R.W. McConchie et al., pp.1- 7. Somerville, MA: Cascadilla Proceedings Project, 2006.

[60] Kövecses Z. : *Metaphor in Culture: Universality and Variation*, Cambridge: Cambridge University Press, 2005.

[61] Kövecses Z. : *Metaphor: A Practical Introduction*, Oxford: OUP, 2002.

[62] Labov W. : "The boundaries of words and their meanings", in :Bailey & Shuy (eds). *New ways of Analyzing Variation in English*, Washington D. C.: Georgetown University Press, 1973.

[63] Lakoff G. & Johnson M. : *Metaphors we live by*, Chicago: University of Chicago Press, 1980, pp.35-36.

[64] Lakoff G. : "The contemporary theory of metaphor", in A. Ortony (ed.). *Metaphor and thought*, Cambridge: Cambridge University Press, 1993, pp.202-251.

[65] Lakoff G. : *Women, fire, and dangerous things*, Chicago and London: The University of Chicago Press, 1987.

[66] Langacker R.W. : "Reference-point construction", *Cognitive Linguistics*,1993 (4).

[67] Marrnaridou.S.S.A. *Pragmatic Meaning and Cognition*, Amsterdam: John Benjamins Publishing Company, 2000, p.52.

[68] Menninger K. : *Number Words and Number Symbols: A Cultural History of Numbers*, Cambridge, London : MIT Press, 1970, pp.54-55.

[69] Quinn N. : "The cultural basis of metaphor", in: Fernandez J. (Ed.). *Beyond metaphor: The theory of tropes in anthropology*, Stanford, CA: Stanford

University Press, 1991, pp.56-93.

[70] Radden G. & Kövecses Z. : "Towards a theory of metonymy", in: Panther & Radden(eds). *Metonymy in Language and Thought*, Amsterdam: John Benjamins, 1999.

[71] Riemer N. : "RemetonymizingMetaphor: hypercatergoies in semantic extension", *Cognitive linguistics* 2002, (12-4), pp.379-401.

[72] Rosch E. : "Cognitive Representation of Semantic Categories" , *Journal of Experimental Psychology*, 1975, p.104.

[73] Saxe G. B. : "Culture and development of numerical cognition", in Charles J. Brainerd(ed). *Chidren's logical and mathematical cognition*, Progress in development research, New York, Heidelberg, Berlin: Springer, 1982.

[74] Schimmel A. & Endres F. C. : *The Mystery of Numbers*, New York: Oxford University Press, 1994.

[75] Shore B. : *Culture in Mind: Cognition, Culture, and the Problem of Meaning* , Oxford, England:Oxford University Press US, 1996.

[76] Strauss C. & Quinn N. : *A cognitive theory of cultural meaning*, Cambridge and New York: Cambridge University Press, 1997.

[77] Sweetser E. : *From etymology to pragmatics: Metaphorical and cultural aspects of semantic structure*, Cambridge: Cambridge University Press, 1990, pp.32-34.

[78] Szemerényi O. : "Studies in the Indo-European system of numerals", Herdelberg: Winter, 1960.

[79] Taylor J. R. : *Linguistic Categorization*, Oxford: Clarendon Press, 1995.

[80] Taylor J.R. : *Linguistic Categorization: Prototypes in Linguistic Theory*, Oxford: Oxford University Press, 1987.

[81] Turner M. : *The literary mind*, New York: Oxford University Press, 1996, pp.3-10.
[82] Ungerer F. & Schmid H. J. :《认知语言学入门》,外语教学与研究出版社2001年版,第50页。
[83] Yu N. : "The contemporary theory of metaphor: A perspective from Chinese", Amsterdam: John Benjamins, 1998.
[84] [德]恩斯特·卡西尔:《人论》,甘阳译,上海译文出版社2004年版,第152页。
[85] [德]恩斯特·卡西尔:《神话思维》,黄龙保,周摄选译,中国社会科学出版社1992年版,第105—113页。
[86] [德]恩斯特·卡西尔:《语言与神话》,于晓等译,生活·读书·新知三联书店1988年版,第102页。
[87] [德]海德格尔:《人,诗意地安居》,郜元宝译,上海远东出版社2004年版,第76页。
[88] [法]列维·布留尔:《原始思维》,丁由译,商务印书馆1981年版,第245页。
[89] [古希腊]亚里士多德:《形而上学》,李真译,上海人民出版社2005年版,第28页。
[90] [美]艾伦·邓达斯:《美国文化中"三"这一数字(上)》,王冰心译,载《民俗研究》1995年版第1期。
[91] [美]艾伦·邓达斯:《美国文化中"三"这一数字(下)》,王冰心译,载《民俗研究》1995年版第2期。
[92] [美]爱德华·萨丕尔:《语言论——言语研究导论》,陆卓元译,商务印书馆1985年版,第4页。
[93] 汪中:《新编汪中集》,广陵书社2005年版,第347页。
[94] B·H·托波罗夫:《神奇的"数字"》,魏哲译,载《民间文学论坛》1985年版第4期,第88—90页。
[95] [法]A·梅耶:《历史语言学中的比较方法》,岑麒祥译,科学出版社1957年版。
[96] D·F·兰西:《认知的跨文化研究与数学》,New York: Academic Press, 1983, 第187页。

[97] [美]D•W•卡罗尔著:《语言心理学》,谬小春译,华东师范大学出版社2007年版,第45页。

[98] [英]L•霍格本:《数学的奇观》,陕西科技出版社1980年版。

[99] [美]M•克莱茵:《西方文化中的数学》,复旦大学出版社2004年版,第3页。

[100] [英]爱德华•泰勒:《原始文化》,上海文艺出版社1992年版,第247页。

[101] [美]本杰明•李•沃尔夫:《论语言、思维和现实——沃尔夫文集》,高一虹等译,湖南教育出版社2001年版,第256页。

[102] 陈原:《陈原语言论著》,辽宁教育出版社1998年版。

[103] 陈运香:《汉英数字文化内涵对比研究》,上海交通大学2006年博士论文。

[104] 丁山:《数名古谊》,载中央研究院历史语言研究所编集刊1928年版第1期,第89—94页。

[105] 杜勤:《"三"的文化符号论》,国际文化出版社1999年版,第44页。

[106] 杜石然:《数学•历史•社会》,辽宁教育出版社2003年版,第2页。

[107] 龚鹏程:《文化符号学导论》,北京大学出版社2005年版,第37—73页。

[108] 哈斯巴特尔:《关于蒙古语数词qoyar"二"的词源》,载《民族语文》2003年版第2期。

[109] 哈斯巴特尔:《试论蒙古语数词"一"的起源》,载《民族语文》1995年版第2期。

[110] 胡书津:《藏文数字藻饰词及其文化内涵》,载《民族语文》1995年版第2期。

[111] 黄岳洲:《成语中数词所表示的抽象义》,载《中国语文》1980年版第6期。

[112] 黄中祥:《维吾尔哈萨克语中的四十和七反映的文化特征》,载《新疆大学学报(哲学社会科学版)》1995年版第2期。

[113] 季广茂:《隐喻视野中的诗性传统》,高等教育出版社1998年版,第13页。

[114] [美]克利福德•格尔茨:《文化的解释》,韩莉译,译林出版社1999年版。

[115] 连淑能:《中西思维方式》,载《外语与外语教学》2002年版第2期。

[116] 林夏水:《毕达哥拉斯学派的数本说》,载《自然辩证法研究》1989年版第5卷第6期,第48—58页。

[117] 卢绍昌:《汉语与数字文化》,载《第四届国际汉语教学讨论会论文选》1993年版。
[118] 卢植:《认知语言学——认知语言学引论》,上海外语教育出版社2006年版,第183页。
[119] 罗美珍:《谈谈我国民族语言的数量词》,载《民族语文》1996年版第2期。
[120] 罗素:《西方哲学史》,商务印书馆1976年版,第105页。
[121] 马学良:《彝语"二十、七十"的音变》,载《马学良民族研究文集》民族出版社1992年版,第484—501页。
[122] 潘洪革,王世兴:《中国传统数字文化集锦》,大连出版社2007年版。
[123] 庞朴:《"数成于三"解》,载《一分为三——中国传统思想考释》海天出版社1995年版。
[124] 庞朴:《对立与三分——中国传统思想考释》,海天出版社1995年版。
[125] 庞朴:《说"参"》,载《根荛集——中国文化与哲学论集》上海人民出版社1988年版,第337—354页。
[126] 彭仲铎:《 释三、五、九》,载《国文月刊》1942年版第16期,第5—9页。
[127] 曲清荣:《数字典据大观》,电子科技大学出版社1997年版。
[128] 沈家煊:《意象和图式》,2005年暑期语言讲习班讲稿。
[129] 束定芳:《隐喻和换喻的差别与联系》,载《外国语》2000年版第3期。
[130] 孙亚,刘宇红:《〈熟语及其理解的认知语义学研究〉评介》,载《外语与外语教学》2004年版第8期。
[131] [美]托比亚斯·丹齐克:《数,科学的语言》,商务印书馆1981年版,第33页。
[132] [英]托马斯·克伦普:《数字人类学》,郑元者译,中央编译出版社2007年版,第7页。
[133] 王红旗:《数字的神奇含义》,中国对外翻译出版公司2002年版。
[134] 王晓澎,孟子敏:《数字里的中国文化》,团结出版社2000年版。

[135] 老子:《道德经》,Arthur Waley 译,外语教学与研究出版社1997年版,序言第9页。

[136] [德]威廉·冯·洪堡特:《洪堡特语言哲学文集》,姚小平编译,湖南教育出版社2001年版,第363页。

[137] [英]维特根斯坦:《哲学研究》,李步楼译,商务印书馆1996年版。

[138] 位同亮:《中华数字文化》,泰山出版社2002年版。

[139] 位同亮:《中华数字楹联集》,山东文艺出版社1989年版。

[140] 温洪瑞:《英汉数字符号系统及其文化涵义对比研究》,载《山东大学学报(哲学社会科学版)》2003年版第3期。

[141] 闻一多,季镇淮,何善周:《七十二》,载《国文月刊》1943年版第22期,第8—12页。

[142] 吴安其:《十二兽古藏缅语数词考》,载《民族语文》1994年版第6期。

[143] 吴慧颖:《中国数文化》,岳麓书社1995年版。

[144] 武秀波,苗霖,吴丽娟等:《认知科学概论》,科学出版社2006年版。

[145] 杨希枚:《中国古代的神秘数字论稿》,载《杨希枚集》中国社会科学院出版社2006年版,第389—426页。

[146] 杨希枚:《略论中西民族的神秘数字》,载《杨希枚集》中国社会科学院出版社2006年版,第427—453页。

[147] 杨永林:《说难易时,易亦难——漫话英语数词习语》,载《外语教学》1985年版第3期。

[148] 叶舒宪,田大宪:《中国古代神秘数字》,社会科学文献出版社1998年版。

[149] 叶舒宪:《中国神话哲学》,中国社会科学出版社1992年版,第270页。

[150] 俞晓群:《数术探秘——数在中国古代的神秘意义》,生活·读书·新知三联书店1994年版。

[151] 张辉,杨波:《心理空间与概念整合:理论发展及其应用》,载《解放军外国语学院学报》2008年版第1期。

[152] 张爱玲:《谈音乐》,载《中国现代散文欣赏辞典》汉语大词典出版社 1990 年版,第 611 页。
[153] 张岱年:《中国古典哲学概论范畴要论》,中国社会科学出版社 1989 年版,第 25 页。
[154] 张德鑫:《数里乾坤》,北京大学出版社 1999 年版,第 165 页。
[155] 张笛:《汉英基本数词对比研究报告》,载《汉英词汇对比研究报告(二)》中国文史出版社 2006 年版。
[156] 张公瑾,丁石庆主编:《文化语言学教程》,教育科学出版社 2004 年版,第 12 页。
[157] 张辉:《熟语及其理解的认知语义学研究》,军事谊文出版社 2003 年版。
[158] Gilles Fauconnier:《心理空间——自然语言意义建构面面观》,世界图书出版公司北京公司 2008 年版,导读第 11—28 页。
[159] 张清常:《汉语中的 15 个词》,载《语言教学与研究》1990 年版第 4 期。
[160] 张天伟:《认知与文化研究的新视角——兼评〈文化中的隐喻:普遍性与变异性〉》,载《外语研究》2007 年版第 6 期。
[161] 赵伟礼:《跨文化交际中的英汉数词比较》,载《外语教学》1995 年版第 3 期。
[162] 钟年:《数字"七"发微》,载《中南民族学院学报(哲学社会科学版)》1994 年版第 4 期。
[163] 周瀚光:《先秦数学与诸子哲学》,上海古籍出版社 1994 年版。

附录

英汉数字“1”的义项比较(语料来源为《汉语大词典》和《新牛津英语词典》)。

义项	英语	汉语
1	cardinal number, the lowest cardinal number; half of two. 最小的基数字,二的一半	数字。大写作“壹”,最小的正整数。
2	a single person or thing, viewed as taking the place of a group. 一个人,一件事情	序数的第一位。
3	single; just one as opposed to any ore or to none at all. 唯一的	若干分中的一分或整数以外的零头。
4	denoting a particular item of a pair or number of items. 其中之一	表示动作一次或短暂。
5	denoting a particular but unspecified occasion or period. 一个时间段	某一个。
6	used before a name to denote a person who is not familiar or has not been previously mentioned; a certain. 某一个人,某位	每个。
7	(informal), chiefly N. Amer. A noteworthy example of 引人注目的一个	全;满。
8	identical; the same. 同一的,相同	相同;一样。
9	identical and united. 统一的,同一的	齐一;联合。
10	alone单独的	统一。
11	one year old. 一岁	专一。
12	one o’clock. 一点钟	谓独立统理。
13	(informal) a joke or story. 玩笑话	纯一不杂。
14	(informal)an alcoholic drink. 一杯酒	初;开始。
15	A size of garment or other merchandise denoted by one. (一号尺码)	另一。
16	A playing card or domino with one spot. 纸牌或多米诺骨牌的一点	独。
17	(Pronoun) referring to a person or thing previously mentioned. 代词,指先前提到的人或事	或者。
18	(Pronoun) a person of a specified kind. 代词,特殊的一种人	副词(1)都;一概(2)很;甚(3)一直;始终(4)乃;竟然。
19	Used to refer to any person as representing people in general. 任何人	连词。“便”或“就”连用,表示两种动作时间上的前后紧接。
20		助词。表示加强语气。
21		哲学用语。我国古代思想家用以称宇宙万物的原始状态。
22		我国传统乐谱工尺谱所用记音符号之一。
23		汉字笔形之一。称“横”。
24		姓。

后记

此书在作者博士论文基础上修改而成。这份至今也不算合格的小小答卷，首先送给我的恩师——张公瑾先生。“读语言学书思考非语言学问题，读非语言学书思考语言学问题”，先生的教诲终生难忘。先生在学界德高望重，却又是那么的平易近人。感谢先生教我学做人、学治学。感谢师母杨老师在生活上的关怀。

感谢中央民族大学少数民族语言文学系的老师们。感谢丁石庆教授和周国炎教授从开题到论文写作提出的宝贵建议。感谢所有对论文修改和在答辩过程中提出过建议的老师们。感谢在中央民族大学一起读博的同窗好友给我的启发和灵感。感谢中央民族大学，在那里曾听过无数各专业的讲座。难忘中央民族大学古雅精致的校园，浓浓的民族风情。

感谢天津工业大学，感谢国庆祝教授一直以来的关心和帮助。是马道山教授的努力促成了本书的出版，在此特别致谢。

感谢参考文献中的所有作者，是你们的劳动为我提供了资料和思路。

感谢世界图书出版广东有限公司对本书出版付出的努力。特别感谢编辑老师宋焱的辛勤工作。

感谢我的家人，尤其是母亲和女儿多年的支持，也将此书献给她们。

2016年春节于天津